Los libros de Enoch

3 LIBROS EN 1

Los manuscritos apócrifos más antiguos del mundo prohibidos y censurados por la Biblia

Los Guardianes, los Gigantes Nefilim, los Ángeles Caídos

Bonus: Los secretos de Enoch y el calendario

de Sacred Scriptures Publishing

Copyright 2023 por Sacred Scriptures Publishing

Todos los derechos reservados.

Este documento proporciona información precisa y fiable sobre el tema y las cuestiones tratadas. La publicación se vende con la idea de que el editor no está obligado a prestar servicios contables, permitidos oficialmente o cualificados de otro modo. Si se requiere asesoramiento jurídico o profesional, debe encargarse a una persona con experiencia en la profesión.

Queda prohibida la reproducción, duplicación o transmisión de cualquier parte de este documento en formato electrónico o impreso. Queda terminantemente prohibida la grabación de esta publicación y no se permite el archivo de este documento sin el permiso previo por escrito del editor. Reservados todos los derechos.

La información aquí facilitada se declara veraz y coherente, y cualquier responsabilidad, en términos de imprudencia o de otro tipo, derivada de cualquier uso o mal uso de las políticas, procesos o indicaciones aquí contenidas es responsabilidad única y absoluta del lector destinatario. En ningún caso podrá imputarse al editor responsabilidad legal alguna por reparaciones, daños o pérdidas monetarias debidas a la información aquí contenida, directa o indirectamente. Los respectivos autores son propietarios de todos los derechos de autor que no pertenezcan al editor.

La información aquí contenida se ofrece únicamente a título informativo y tiene carácter universal. La presentación de la información se hace sin contrato ni garantía de seguridad.

Las marcas comerciales utilizadas no cuentan con el consentimiento y su publicación no cuenta con la autorización ni el apoyo del propietario de la marca. Todas las marcas comerciales y marcas que figuran en este libro son sólo para fines de aclaración y son propiedad de los propios propietarios, no afiliados con este documento.

DEDICADO A:

A usted, querido lector, que ha decidido embarcarse en este extraordinario viaje hacia el misterio y lo desconocido, le dedicamos con pasión y reverencia esta obra enigmática y fascinante: "Los Libros de Enoc - Los Manuscritos Apócrifos Más Antiguos del Mundo Prohibidos y Censurados por la Biblia Los Guardianes, Los Nefilim Gigantes, Los Ángeles Caídos Bonus: Los Secretos y el Calendario de Enoc".

Que al adentrarte en las profundidades de estas páginas encuentres la luz de la verdad y el poder del conocimiento, que la sabiduría de Enoch resuene en tu corazón y te guíe por el camino de la iluminación y la comprensión.

Esperamos que los descubrimientos que haga le permitan mirar el mundo con nuevos ojos y explorar los límites del universo con una mente abierta y curiosa.

Que tu alma encuentre consuelo e inspiración entre las líneas de este antiguo manuscrito, y que los secretos revelados alimenten tu deseo de conocimiento y crecimiento espiritual.

A ti, valiente buscador de la verdad, te dedicamos esta obra con la esperanza de que enriquezca tu viaje e ilumine tu alma.

Que comience el viaje al corazón del misterio. Feliz lectura, y que la luz del conocimiento te guíe siempre.

Resumen

DEDICADO A: 3
Introducción 6
1 Enoc, 2 Enoc, 3 Enoc 31
Manuscritos y tradición textual 32
La historia del Libro de Enoc 38
Las principales secciones del Libro de Enoc 42
Los ángeles caídos y su influencia en la Tierra 45
Enoc y sus visiones celestiales 47
El Primer Libro de Enoc (el Libro Etíope de Enoc) ... 54
El Libro de los Vigilantes (Capítulos 1-36) 54
Enoch El Libro de las Razas Celestiales *(capítulos 72-82)*
.... 101
El segundo libro de Enoc (Los secretos eslavos de Enoc)
.... 124
El Tercer Libro de Enoc (el Libro Hebreo de Enoc) 131
Profetismo y apocalipsis en el Libro de Enoc 137
La concepción del tiempo y la eternidad en el Libro de Enoc 141
Escatología y Juicio Final en el Libro de Enoc 144
La relación entre el Libro de Enoc y la Biblia 146
La presencia del Libro de Enoc en la literatura judía y cristiana 150
La polémica sobre la canonicidad del Libro de Enoc 153
El Libro de Enoc en la cultura y la literatura occidentales
.... 159
El libro de Enoc y la teología cristiana 161
El Libro de Enoc en el debate moderno: implicaciones e interpretaciones 166

¿Qué capítulos han despertado más interés a lo largo de los siglos? 167
Las profecías de Enoc 170
La historia de antes del Diluvio 170
Gigantes y misterios sacrílegos 174
El calendario de Enoc y las profecías de Daniel 180

Introducción

Nuestra búsqueda es de una comprensión más profunda y a menudo va más allá de la propia Biblia, incluso cuando buscamos comprender plenamente la Biblia debemos ir más allá de su contexto. Cuando nos encontramos con condiciones sociales, prácticas culturales e incluso otros textos a los que se hace referencia en la Biblia, estamos llamados a explorar y ampliar nuestros conocimientos para comprender plenamente el contexto, la base de conocimientos y el significado cultural de lo que se nos enseña, por lo que, para comprender plenamente la Biblia, debemos recurrir inevitablemente a fuentes ajenas a ella. Estas fuentes contribuyen a nuestra comprensión histórica, social y teológica de la época bíblica. Cuando nuestra perspectiva se hace más macro, vemos un escenario más amplio y comprendemos las verdades más completas de la Escritura, pero en el caso de Enoc "no estamos fuera de la 'Biblia', simplemente estamos fuera de nuestra Biblia, El libro de Enoc se encuentra en la Biblia de la Iglesia Cristiana Etíope.

Un texto popular entre los primeros cristianos

Si nos remitimos a fuentes distintas de las Biblias protestante y católica, debemos saber qué libros eran populares e importantes en la época en que se escribió la Biblia. Hay algunos libros mencionados en la Biblia que no están incluidos en nuestra Biblia. Estos no son libros espirituales que se incluyen en el canon porque no estaban disponibles o no se consideraban "inspirados" en el momento en que se adoptó el canon, si la inspiración es cuestionable, entonces se puede argumentar que cualquier libro citado o citado por un profeta o apóstol debe ser considerado un canon espiritual, por desgracia, sin embargo, esta posición resulta ser demasiado simplista. Los libros y escritos pueden clasificarse en varias categorías, como documentos políticos, leyes, documentos históricos y documentos espirituales.

Los resultados de los censos municipales y estatales no son inspiradores, pero pueden aportar información sobre determinados ámbitos de la vida.

Los textos espirituales citados directamente de la Biblia pueden aportar información sobre las creencias del autor y lo que se consideraba aceptable en la sociedad de la época. Como ocurre con cualquier nuevo descubrimiento, invento o creencia, la novedad se interpreta según la estructura del anterior, como ocurrió en la Iglesia cristiana del siglo I, ya que la fe se basaba en la antigua concepción judía. Sin embargo, hay que tener en cuenta que a la Iglesia se añadieron conversos no judíos y creencias paganas, por lo que basaron su interpretación de la fe en el cristianismo.

En el caso de Judá, Santiago, Pablo y otros, el pasado judío dio paso al presente cristiano, pero su comprensión y sus doctrinas seguían influidas por lo que habían aprendido.

Se entendían por lo que habían aprendido y experimentado hasta ese momento, evidentemente para entender la Biblia debemos tratar de investigar los libros y doctrinas que más influyeron en los escritores bíblicos.

Los Rollos del Mar Muerto, hallados en las cuevas de Qumrán, son especialmente interesantes para tratar de descubrir la historia y las doctrinas que existieron entre la época de la Biblia y el canon. Los rollos se escribieron en el siglo II a.C. y se utilizaron al menos hasta la destrucción del Segundo Templo en el año 70 d.C. En la cueva de Qumrán se encontraron fragmentos de todos los libros del Antiguo Testamento, excepto el Libro de Ester y muchos otros libros. Se cree que algunos de estos libros tuvieron el mismo significado e influencia en los habitantes de Qumrán y en los escritores y eruditos de la época. Entre los que estudiaron los pergaminos encontrados en Qumrán estaban los escritores del Nuevo Testamento.

Sabiendo esto, cabe preguntarse cuál de las docenas de libros no canónicos tuvo mayor influencia en los escritores del Nuevo Testamento. Podemos utilizar la propia Biblia para determinar si hubo una influencia concreta en el contexto de la Biblia. La Biblia puede referirse a otras obras de tres maneras, puede mencionar la obra por su nombre, como en el libro de Jasha puede mencionarla en el texto bíblico, como en el libro de Enoc puede referirse a sus obras, como en la "Carta a los Corintios" de Pablo.

Libros citados en la Biblia

Se puede hacer una lista de los libros mencionados en la Biblia, la lista es más larga de lo que uno podría pensar a primera vista. La mayoría de estas obras aún no se han descubierto algunos se han encontrado, pero su autenticidad es dudosa, otros se han encontrado y la conexión entre los rollos y los libros ha sido generalmente aceptada, a continuación se muestra una lista de los libros mencionados en la Biblia:

1. **El Libro de Jasher**: "Además les ordenó que enseñaran a los hijos de Judá el uso del arco; he aquí que está escrito en el Libro de Jasher. (2 Samuel 1:18) "¿No está escrito en el Libro de Jasher? "Y el sol se detuvo en medio del cielo, y no se apresuró a ponerse durante casi un día entero". (Josué 10:13)

2. **El Libro de las** Guerras del Señor: "Por eso se dice en el Libro de las Guerras del Señor". (Números 21:14)

3. **Los Anales de Jehú:** "Los demás hechos de Josafat, desde el primero hasta el último, he aquí están escritos en los anales de Jehú hijo de Hanani, que están registrados en el Libro de los Reyes de Israel."

(2 Crónicas 20:34)

4.El Libro de los Reyes : "En cuanto a sus hijos y los muchos oráculos contra él y la reconstrucción de la casa de Dios, he aquí que están escritos en el tratado del Libro de los Reyes. Entonces su hijo Amatías fue rey en su lugar". (2 Crónicas 24:27)

5. **El Libro de los Registros, Libro de las Crónicas de Asuero:** "Ahora bien, cuando se investigó el complot y se descubrió que era así, ambos fueron colgados en una horca; y fue escrito en el Libro de las Crónicas en presencia del rey. " ... "Durante aquella noche el rey no pudo dormir, así que dio orden de que trajeran el libro de los anales, las crónicas, y fueron leídas ante el rey". (Ester 2:23, 6:1)

6. Los Hechos de Salomón: "Lo demás de los hechos de Salomón y todo lo que hizo, y su sabiduría, ¿no está escrito en el libro de los Hechos de Salomón?" (1 Reyes 11:41).

7. **Los dichos de Hozai:** "Incluso su oración y cómo Dios fue suplicado por él, y todo su pecado, su infidelidad, y los sitios en los que construyó alturas y erigió Asherim e imágenes talladas, antes de humillarse, he aquí, están escritos en los registros del Hozai".

(2 Crónicas 33:19)

8. **Las Crónicas del rey David:** "Joab, hijo de Tseruías, había comenzado a contarlos, pero no había terminado; y por esta razón vino la ira sobre Israel, y el número no fue incluido en la cuenta de las Crónicas del rey...".

David". (1 Crónicas 27:24)

9. **Las Crónicas de Samuel, Natán y Gad:** "Los hechos del rey David, desde el primero hasta el último, están escritos en las Crónicas de

Samuel el vidente, en las Crónicas de Natán el profeta y en las Crónicas de Gad el vidente."

(1 Crónicas 29:29)

10. **El libro de Samuel**: 'Entonces Samuel contó al pueblo las ordenanzas del reino, las escribió en el libro y lo puso delante del Señor.

(1 Samuel 10:25)

11. **Los anales del profeta Natán:** "Los demás hechos de Salomón, desde el primero hasta el último, ¿no están escritos en los anales del profeta Natán, y en la profecía de Ahías el Escilonita, y en las visiones de Iddo el vidente acerca de Jeroboam hijo de Nabat?" (2 Crónicas 9:29).

12. **La profecía de Ahías el** Escilonita: "Los demás hechos de Salomón, desde el primero hasta el último, ¿no están escritos en los anales del profeta Natán, en la profecía de Ahías el Escilonita y en las visiones del vidente Iddo acerca de Jeroboam hijo de Nabat?" (2 Crónicas 9:29).

13. El tratado del profeta Iddo: "El resto de los hechos de Abia, sus caminos y sus palabras están escritos en el tratado del profeta Iddo.

(2 Crónicas 13:22)

Muchos libros han pasado bajo el título de "El libro de Yasa". Uno de ellos es un libro medieval de moral. Comienza con una entrada sobre el misterio de la creación del mundo, que es claramente ajena al Libro de Yasa bíblico.

La otra, publicada en 1829 y traducida probablemente por Flaccus

Albinus Alcuinus, comienza con el capítulo 1.1 y afirma que "cuando era el principio, las tinieblas cubrían la superficie de la naturaleza". Hoy se considera una falsificación.

El tercero es el Midrash, traducido por primera vez al inglés en 1840. Y dijo Dios. "Hagamos al hombre a nuestra imagen y semejanza.

y a nuestra imagen y semejanza". Comparando Josué 10:13 con Jasha 88:63-64 y 2 Samuel 18 con Jasha 56:9, podemos ver que el libro de Jasha es el libro de Jasha.

El "Libro de Jasha" al que se refiere la Biblia está, al menos, estrechamente relacionado con ella. Faltan letras.

La existencia de letras que faltan también puede deducirse en ausencia de texto.

Así lo demuestran claramente algunas letras que faltan.

Según algunos estudiosos, la carta de Pablo a los laodicenses parece haberse perdido. Colosenses 4:16 dice: Cuando esta carta se haya leído entre vosotros, se leerá también en las iglesias de Laodicea, y entre vosotros se leerá mi carta de Laodicea. El hecho de que las palabras "en Efesios" en Efesios 1:1 no se encuentren en los tres manuscritos anteriores ha llevado a algunos a suponer que la carta de Laodicea es en realidad la carta de Éfeso.

Los Padres de la Iglesia también analizaron esta posibilidad.

En su primera carta a los Corintios, Pablo comienza diciendo: "En mi primera carta os escribí que no os juntaseis con los gentiles"

(1 Corintios 5:9).

Esto podría referirse simplemente a esta carta en 1 Corintios.

El libro de Enoc fue quizás el libro más influyente

De todos los libros citados, parafraseados o mencionados en la Biblia, el Libro de Enoc ha tenido una influencia en los escritores bíblicos que no ha tenido ningún otro libro. Incluso más que el Antiguo Testamento, los escritores del Nuevo Testamento se vieron influidos a menudo por otros libros, entre ellos el Libro de Enoc.

El propósito de este artículo es mostrar que los libros no canónicos que más han influido en el pensamiento y la teología de los escritores del Nuevo Testamento pueden merecer un estudio y una reflexión más profundos, no juzgar la validez o el valor del Libro de Enoc.

Antes de proseguir el estudio del Libro de Enoc, conviene tener en cuenta algunas cuestiones. Si un libro se menciona en la Biblia, ¿no merece ser estudiado? Si merece ser estudiado, ¿es éste el libro del que habla la Biblia? ¿Qué conocimientos o ideas aporta el libro a nuestra comprensión de la Biblia y de las personas que la escribieron?

El Libro de Enoc fue uno de los libros favoritos de judíos y cristianos. Se leía en algunas iglesias coptas de Etiopía.

Hoy existen tres versiones del Libro de Enoc.

Libro de Enoc: descubrimiento y datación

La mayoría de los estudiosos creen que el Libro de Enoc data del siglo II a.C. y se desconoce qué tradiciones orales existían antes.

El Libro de Enoc se considera un libro auténtico inspirado por diversas sectas del judaísmo en el siglo I a.C. y fue popular durante al menos 500 años.

El primer texto en etíope parece proceder de un manuscrito del Libro de

Enoc en griego, copiado de un texto anterior. El texto original parece haber sido escrito en una lengua semítica (que ahora se cree que es el arameo).

El Libro de Enoc fue descubierto en el siglo XVIII, se supone que fue escrito después del comienzo de la era cristiana, se cree que fue fuertemente influenciado por escritores como Judas y Pedro, no sólo por los conceptos del Nuevo Testamento, sino también por las citas y paráfrasis.

Sin embargo, recientemente se descubrió una copia del libro en los Rollos del Mar Muerto hallados en la zona de Chiyoda, en Tokio.

Kumran demuestra que el libro existía antes de la época de Jesucristo, estos pergaminos deben ser examinados con más cuidado y reexaminados.

Ahora está claro que el Nuevo Testamento no influyó en el Libro de Enoc; más bien, el Libro de Enoc influyó en el Nuevo Testamento, la datación de los manuscritos originales en los que se basan los manuscritos de Qumrán del siglo II a.C. sigue siendo incierta. Asimismo, la fuente de la tradición oral que se convirtió en el Libro de Enoc se ha perdido; sin embargo, desde hace más de 60 años, el misterio se ha ido desvelando poco a poco.

¿El libro es inspirado, original o falso?

La mayoría de los historiadores coinciden en que las palabras de Enoc no son originales, ya que éste vivió miles de años antes de que apareciera el primer libro escrito por el antiguo Enoc. Sin embargo, los cristianos del primer siglo aceptaron el Libro de Enoc como inspirado, aunque no auténtico, se basaron en el Libro de Enoc para comprender el origen y el propósito de muchas cosas, desde los ángeles hasta el viento, el sol y las estrellas, de hecho, muchos conceptos clave utilizados por Jesucristo parecen estar directamente relacionados con términos e ideas del Libro de Enoc.

Existen varias teorías sobre la autenticidad del Libro de Enoc. Una de ellas sostiene que el Libro de Enoc es un midrash, es decir, una elaboración de la narración bíblica. En este caso, se sugiere que Enoc comentaba el Génesis

Similitudes entre Enoc y la Biblia

También existe una teoría más controvertida según la cual Enoc es anterior al relato del Génesis.

Al igual que el libro de Enoc, el libro del Génesis tiene muchos autores cuyas historias parecen estar entrelazadas, a uno de los cuales sólo se le conoce como "P", ya que se cree que era un sacerdote, si comparamos el factor "P" del Génesis con el libro de Enoc las similitudes son muy claras.

Enoc	P
Terra corrotta	Modo umano corrotto sulla terra (Gen 6)
mangiare animali	mangiare animali (Gen 9)
spargimento di sangue	spargimento di sangue
Anno di 364 giorni (12 mesi x 30 + 4)	(Gen 9) Mesi di 30 giorni (Gen 7) Anno di 365 giorni (Gen 5)
Enoch va in paradiso	Enoc va in paradiso (Gen 5)

Otra conexión. El nombre "Azazel" aparece en el Levítico.

Se envía una cabra negra "a Azazel" en el desierto y, mediante un ritual de imposición de manos por parte del sacerdote y el pueblo, la cabra es enviada para cargar con los pecados del pueblo. Esta referencia sólo tiene sentido si los escritores creían que Azazel era responsable de todos los pecados humanos y cargaba con el castigo, como en el libro de Enoc.

En el libro del Génesis, fue Caín quien llevó el pecado al desierto. Sin embargo, podemos ver la conexión entre los ángeles caídos y los descendientes de Caín. El problema con esta conexión entre Enoc y Génesis es que no muestra la dirección de la transmisión. Ahora bien, podemos estar seguros de que Enoc y el Génesis están conectados, pero no podemos estar seguros de cuál de los dos fue registrado primero. La mejor prueba de la autenticidad del Libro de Enoc no es su relación con el Génesis, sino el hecho de que Jesús y sus apóstoles creían en el Libro de Enoc, como demuestran numerosas referencias y citas.

¿Cómo utilizaron Jesús y sus seguidores el Libro de Enoc?

Es difícil evitar la evidencia de que Jesús no sólo estudió este libro, sino que lo honró citando sus enseñanzas y contenidos. En el libro de Enoc hay muchas referencias al reino futuro y a otros temas sagrados. Jesús no es el único que utiliza frases e ideas de Enoc, y hay más de 100 comentarios en el Nuevo Testamento que favorecen el libro de Enoc.

Cuando uno empieza a buscar puntos de coincidencia entre las palabras de Jesús y las de Enoc, no encuentra una coincidencia exacta. Inicialmente, las palabras pronunciadas por los dos hombres pueden haber sido muy cercanas en lenguaje y significado. Sin embargo, a través de diversos canales de transmisión y traducciones a diferentes lenguas y culturas, la mayoría de ellas han cambiado y ahora nos encontramos en el siglo XXI. Como en el "juego del teléfono" de la infancia, las palabras exactas han cambiado ligeramente.

Veamos algunas ideas generales en esta sección

Jesús	Enoc
Bienaventurados los mansos, porque ellos heredarán la tierra. (Mateo 5:5)	Y todos los elegidos se alegrarán, y habrá perdón de pecados, misericordia, paz, tolerancia y alegría. Habrá salvación para ellos, (como) una buena luz. (Enoc 5:7)
el Padre no juzga a nadie, sino que ha confiado todo el juicio al Hijo (Jn 5,22).	Y se sentó en el trono de su gloria, y la suma del juicio fue dada al Hijo del Hombre. (Enoc 69:27)
Mateo 19:16 Se acercó un hombre a Jesús y le preguntó: "Maestro, ¿qué cosa buena debo hacer para tener la vida eterna?". (Respondió Jesús) Y todo el que deje casas, hermanos, hermanas, padre, madre, hijos o campos por mí, recibirá cien	... que está por encima del arrepentimiento y de los que esperan heredar la vida eterna" (Enoc 40:9).

veces más y heredar la vida eterna.	
"Ay de vosotros los ricos, porque ya tenéis vuestro consuelo". (Lucas 6:24)	Ay de vosotros, ricos, porque habéis confiado en vuestras riquezas, y de vuestras riquezas os apartaréis, porque no os habéis acordado del Altísimo en los días de vuestras riquezas". (Enoc 94:8)
Tú también te sentarás en doce tronos para juzgar a las doce tribus de Israel. (Mateo 19:28)	Y sacaré a los que han amado mi santo nombre y sentaré a cada uno en el trono de su honor (gloria). (Enoc 108:12)
¡Ay de aquel hombre por quien es entregado el Hijo del hombre! Bueno le hubiera sido a ese hombre no haber nacido. (Mateo 26:24)	¿Dónde estará la morada de los pecadores y dónde el lugar de descanso de los que han negado al Señor de los espíritus? Hubiera sido bueno para ellos que no hubieran nacido. (Enoch 38:2)
entre nosotros y vosotros hay un gran abismo". (Lucas 16:26)	Entonces pregunté por todos los lugares vacíos (abismo): ¿Por qué está uno separado del otro?". 9 Y respondiendo, me dijo: 'Estos tres han

	que los espíritus de los muertos pueden ser separados. (Enoch 22: 9)
Lucas 1:32 Será grande y se le llamará Hijo del Altísimo. El Señor Dios le dará el trono de David, su padre, 33y reinará sobre la casa de Jacob para siempre; su reino no tendrá fin." Juan 14:2 En la casa de mi Padre hay muchas moradas	En aquel día Mi Elegido se sentará en el trono de gloria y probará las obras de los justos, y serán sus lugares de descanso. (Enoc 45:3)
para que seáis llamados hijos de la luz (Juan 12:36).	Y ahora llamaré a los espíritus de los buenos que pertenecen a la generación de light.... (Enoc 108:11)
el agua que yo le daré será en él una fuente de agua que salte para vida eterna. (Juan 4:14)	Y en aquel lugar vi el manantial de la justicia que era inagotable. Y a su alrededor había muchos manantiales de sabiduría. Y todos los sedientos bebieron de ella y se llenaron de sabiduría, y su morada fue con los justos, los santos y los elegidos. (Enoc 48:1)

Más sobre la popularidad de Enoc

Otra prueba de que los primeros cristianos aceptaban el libro de Enoc quedó enterrada durante muchos años en la mala traducción de Lucas 9:35, que describe la Transfiguración de Cristo. "Entonces se oyó una voz desde las nubes que decía: "Este es mi Hijo amado. Escuchadle". Al parecer, los traductores querían que este versículo encajara con otros similares de Mateo y Marcos. Sin embargo, el texto original de Lucas dice lo siguiente: "Este es mi Hijo, el elegido (del griego ho eklelegmenos, literalmente "elegido").

Escucha lo que dice'.

En el libro de Enoc, la palabra "elegidos" es una palabra muy importante (aparece 14 veces). Si este libro fue conocido por los apóstoles de Cristo y si es rico en descripciones de los elegidos "sentados en el trono de gloria" y de los elegidos "morando entre ellos", entonces el libro de Enoc tiene autenticidad bíblica. Y la "voz de las nubes" dijo a los apóstoles: "Yo soy la voz de las nubes Ellos son mis hijos, los elegidos"....... Él es el prometido en el libro de Enoc.

El libro de Judas afirma en el versículo 14 que "Enoc, la séptima generación desde Adán, profetizó". Y en el versículo 15, Judas se refiere directamente al libro de Enoc (2:1), escribiendo que "juzgará a todos los hombres y castigará todo mal". En esencia, se trata de una cita directa, palabra por palabra.

Por lo tanto, la referencia de Judá a la profecía de Enoc lleva fuertemente a la conclusión de que estos libros proféticos estaban disponibles para Judá en ese momento.

En los Rollos del Mar Muerto se encontraron diez fragmentos de manuscritos relacionados con Enoc. El número de rollos sugiere que es muy probable que los esenios (una comunidad o secta judía de la época de Cristo) utilizaran los escritos de Enoc como libros de oración comunes, manuales para maestros y textos de enseñanza.

Muchos de los primeros Padres de la Iglesia también apoyaron los escritos de Enoc. Justino Mártir atribuyó todos los males al diablo y afirmó que éste era descendiente de ángeles movidos por la lujuria hacia las mujeres; ésta es una referencia directa al Libro de Enoc.

Atenágoras (fallecido en 170 d.C.) consideraba a Enoc un verdadero profeta y describía a los ángeles como "violadores de su naturaleza y sus deberes". En sus escritos, se explayó sobre la naturaleza de los ángeles caídos y sus causas, que derivaban directamente de las descripciones del Libro de Enoc.

Ireneo († 180 d.C.), en su Contra las herejías, explica cómo la transposición de Enoc es una visión profética de nuestro futuro rapto: "Enoc, cuando agradó a Dios, fue trasladado al mismo cuerpo que agradó a Dios, siendo así un ejemplo de la transposición de los justos".

(Contra las herejías, lib. 5).

Por qué desapareció Enoc

Dado que todos los libros deben interpretarse de diferentes maneras, Enoc supuso un problema para algunos teólogos. En lugar de reexaminar su teología, intentaron eliminar todo lo que contradecía sus creencias. Se cree que algunas visiones de Enoc apuntan a la consumación de la era y a la segunda venida de Cristo (que algunos creen que ocurrió en el año 70 d.C. (destrucción de Jerusalén)).

Por tanto, no es de extrañar que Enoc fuera rechazado por Ilarión, Jerónimo y Agustín como un libro falso. Posteriormente, Enoc se perdió para el cristianismo occidental durante más de mil años.

Sin embargo, hay quienes consideran el libro de Enoc como un libro de profecías, y no sólo como una señal de lo que será, sino también como una señal de lo que sucederá para todos los que creen en Dios y le siguen.

Enoc fue trasladado por la fe para que no viera la muerte. Enoc experimentó el rapto en los días anteriores al juicio del diluvio. Algunos cristianos modernos creen que lo que Enoc experimentó es lo que la Iglesia está esperando: 1 Tesalonicenses 4:15-17, donde Jesús desciende del cielo con un grito a la voz del arcángel y la trompeta de Dios, y la Iglesia asciende "para encontrarse con él en el aire", es decir, promete ser "arrebatada".

Enoc apoya las profecías bíblicas de la época

El libro de Enoc puede informarnos y prepararnos para acontecimientos futuros. Algunos creen que el libro de Enoc contiene profecías que pueden aplicarse del mismo modo que las profecías de los libros de Daniel y Apocalipsis. Las profecías del Libro de Enoc se expresan de forma diferente. El Libro de Enoc presenta una lista de "semanas" similar a la del Libro de Daniel. Hay una lista de animales, que describe cómo se comportarán unos con otros. Hay una lista de generaciones, que describe el orden de los tiempos.

Las "70 generaciones" de Enoc también son una cuestión importante. Muchos eruditos creen que no puede ser más de un siglo. Las copias del libro de Enoc desaparecieron rápidamente. De hecho, durante casi 2000 años, sólo se conocen referencias a Enoc en la Biblia. Sin él, nunca sabríamos que fue citado en la Biblia por Pedro y Judas, a veces palabra por palabra.

"Cuando sacó a su pueblo de la tierra de Egipto, destruyó a los que no creyeron. Y no mantuvo públicamente su autoridad, sino que dejó en tinieblas a los ángeles que habían abandonado sus moradas en esclavitud eterna hasta el juicio del gran día. También Sodoma y Gomorra y las ciudades vecinas, como se presenta.

Ejemplos... (Judas 5-7)

"Si Dios no los perdonó cuando pecaron, sino que los arrojó al infierno y los encerró en el lugar más oscuro para el juicio". (2 Pedro 2:4)

El grado en que los demás escritores del Nuevo Testamento consideraban a Enoc una autoridad escrita puede determinarse comparando sus escritos con los que se encuentran en el libro de Enoc. Su posible influencia en su pensamiento y en la elección del lenguaje queda patente por las numerosas referencias que se encuentran en el libro de Enoc a pasajes del Nuevo Testamento.

Cristianos famosos que se convirtieron a Enoc

Enoc se menciona en otras obras, como el Libro de los Jubileos, canon de la Iglesia cristiana de Etiopía, y el Libro de los Gigantes, en el que uno de los ángeles caídos se llama Gilgamesh.

El Libro de Enoc parece ser el eslabón perdido entre la teología judía y la cristiana, y muchos lo consideran más cristiano que judío.

Muchos de los primeros cristianos lo consideraban una escritura.

Hay muchas referencias a este libro en la literatura de los Padres de la Iglesia. Este libro es

La apócrifa Epístola de Bernabé, escrita a principios del siglo II, contiene muchos pasajes del Libro de Enoc; los Padres de la Iglesia de los siglos II y III, Justino Mártir, Ireneo, Orígenes y Clemente de Alejandría, parecen aceptar el Libro de Enoc como auténtico. Tertuliano (160-230 d.C.) llegó a calificar el Libro de Enoc de "libro sagrado". La Iglesia copta de Etiopía considera el Libro de Enoc parte de su canon espiritual oficial.

El Libro de Enoc era muy conocido y leído en los tres primeros siglos de nuestra era. Éste y muchos otros libros fueron desacreditados tras el Concilio de Laodicea. Posteriormente fue prohibido por las autoridades y desapareció gradualmente de la circulación.

Cómo se redescubrió el Libro de Enoc

En 1773, un explorador escocés, James Bruce, viajó a la lejana Etiopía tras oír rumores sobre la existencia del libro, descubrió que las iglesias de Etiopía habían conservado el Libro de Enoc y lo exhibían junto con otros libros.

Este libro es uno de los libros de la Biblia

Bruce compró no uno, sino tres libros etíopes y los llevó a Europa e Inglaterra; en 1773, Bruce regresó de su estancia de seis años en Etiopía; en 1821, Richard Lawrence publicó la primera traducción al inglés; en 1822, se publicó la primera edición inglesa del libro.

Después aparecieron partes del texto griego, y más tarde, con el descubrimiento de la Cueva 4 de Qumrán, se encontraron siete copias fragmentarias del texto arameo. Esto significa que el texto pasó del arameo al griego y luego al gez, la lengua de Etiopía.

Antes del descubrimiento de la forma aramea, se pensaba que el Libro de Enoc se escribió después de Judá y que tomaba muchos préstamos de Judá. Sin embargo, tras el descubrimiento del Libro de Enoc en los documentos de Qumrán, los eruditos se vieron obligados a reexaminar las pruebas. Quedó claro que Enoc no sólo existió mucho antes que el Libro de Judá, sino que tanto Judá como Pedro leyeron, creyeron y tomaron prestado en gran medida del Libro de Enoc. Esto demuestra que el libro de Enoc (1 Enoc) es una de las primeras obras de la literatura apocalíptica.

La mayor parte de la literatura apócrifa se escribió tras la destrucción del templo judío de Jerusalén debido al asedio romano en el año 70 d.C.. Los judíos consideraban a Roma una nación impura, opresiva y hostil hacia ellos. Los judíos se consideraban el pueblo elegido de Dios. La destrucción del Templo causó gran confusión entre el pueblo judío. ¿Por qué permitió Dios que esto le sucediera a su pueblo elegido y a su casa? La respuesta debió de ser que el pueblo judío había pecado y se había apartado de la voluntad de Dios. De ser así, cuando la nación judía se hubiera arrepentido y vuelto a Dios, Dios se habría vengado derrotando y destruyendo a sus enemigos. Entonces la nación judía volvería a ser como Dios.

Un pueblo victorioso y debidamente elegido

La nación judía volvería a la estricta voluntad y las leyes de Dios y, a través de batallas y victorias, el favor de Dios apuntalaría la mayoría de los grandes acontecimientos del mundo.

La ayuda de Dios es la base de la mayor parte de la literatura escatológica. Sin embargo, este no es el caso de la primera y principal parte del libro de Enoc, escrito en el siglo III a.C., donde se encuentra el tema de la destrucción de seres injustos como los hombres y los ángeles.

Los temas apocalípticos más tradicionales o comunes se encuentran en las partes del Libro de Enoc escritas hacia el año 100 d.C.

Fiabilidad del calendario enoquiano

En la época en que se escribió Enoc, la comunidad judía tenía dudas sobre qué tipo de calendario utilizar. Enoc parece inclinarse por un calendario solar de 364 días, con una semana añadida en caso necesario para compensar el día y cuarto que falta (1,25).

Compare 365,25 días con 364 días.

El calendario enoquiano comenzaba cada año en domingo. El punto de partida del calendario era el equinoccio de primavera, que cae alrededor del 21 de marzo. Dado que el año siempre comienza el mismo día de la semana y sólo se añade una semana completa cuando es necesario, el calendario se considera un calendario de semanas. Para ponerlo en perspectiva, supongamos que en lugar de añadir un día cada cuatro años como hacemos nosotros, se añadiera una semana cada pocos años según fuera necesario para alinear el comienzo de los años lo más cerca posible del primer
Domingo después del equinoccio, supongamos ahora que el Año Nuevo llega, no el 1 de enero, sino el 21 de marzo, aunque esto es una simplificación excesiva, es básicamente la forma en que funcionaba el calendario enoquiano.

El Libro de Enoch cuenta que el sol atravesaba los cielos a través de una serie de puertas, y que el paso por las distintas puertas representaba segmentos de un día. El día enochiano no se divide en 24 horas sino en 18 segmentos de una hora y un tercio cada uno, por lo tanto, cada segmento duraba 80 minutos. Información más detallada sobre el calendario será presentada al final de este libro, cuando discutiremos su aplicación a la Profecía de Daniel. El Libro de los Jubileos, escrito en la misma época, exige y defiende el uso del antiguo calendario lunar. Los escritores de Jubileos razonaron que si uno iba a rendir culto en estricta conformidad con las costumbres presentadas por la Torá, uno debería usar el propio calendario lunar para rendir culto en los momentos y días apropiados. El Libro de Enoc no defiende la elección de un calendario solar; simplemente expone los movimientos matemáticos y astronómicos.

El calendario judío es un sistema lunar

En este sistema, la Pascua ocurre después de la puesta del sol del día 15 del mes de Nisán, la Pascua se celebra durante siete días. La primera Pascua fue en primavera y muchos pensaron que debía celebrarse en esa época del año. Como el calendario se basa en los movimientos lunares, el calendario judío se desplaza del calendario solar unos 11 días al año. Esto significaba que la Pascua pasaba de la primavera al invierno, al otoño y viceversa. El desfase se hizo tan molesto que en el año 359 d.C. un rabino llamado Hillel II inició el proceso de alinear el calendario lunar con el solar, estandarizando los meses lunares a 29 ó 30 días y añadiendo un día al mes de Adar cuando era necesario para mantener la sincronización, igual que nosotros añadiríamos un día a nuestro año bisiesto.

El calendario enoquiano comenzaba cada año en domingo. El punto de partida del calendario era el equinoccio de primavera, que cae alrededor del 21 de marzo. Dado que el año siempre comienza el mismo día de la semana y sólo se añade una semana completa cuando es necesario, el calendario se considera un calendario de semanas. Para ponerlo en perspectiva, basta con suponer que en lugar de añadir un día cada cuatro años como hacemos nosotros, se añadiría una semana cada cierto número de años como sea necesario para alinear el comienzo de los años lo más cerca posible del primer domingo después del equinoccio. Supongamos ahora que el Año Nuevo llega, no el 1 de enero, sino en marzo, aunque esto es una simplificación excesiva, es básicamente la forma en que funcionaba el calendario enoquiano.21 Toda esta información será importante cuando empecemos a hablar de profecía. Así pues, aclaremos lo que dice la Biblia sobre la primera Pascua y la fecha:

Éxodo 12
1El Señor habló a Moisés y a Aarón en el país de Egipto, diciendo:
2 Este mes será para ti el principio de los meses: será el primer mes del año.
3 Habla a toda la comunidad de Israel, diciendo: El día diez de este mes tomará cada uno un cordero, según la casa de sus padres, un cordero por casa:
4 Y si la familia es demasiado pequeña para el cordero, que lo tomen él y su vecino según el número de almas; cada uno contará para el cordero según su comida.
5 Tu cordero será sin defecto, macho de un año; lo tomarás de las ovejas o de las cabras; 6 y lo guardarás hasta el día catorce del mismo mes; y toda la asamblea de la raumancia de Israel lo degollará al atardecer.
7 Y tomarán sangre y la pegarán en las dos jambas laterales y en la jamba superior de las puertas de las casas, donde la comerán.
8 Y aquella noche comerán su carne asada al fuego y panes sin levadura; y con hierbas amargas

la comerán.

9 No lo comas crudo, ni remojado en agua, sino asado al fuego; su cabeza con sus patas y su herencia. 10 Y no harás nada con él hasta la mañana; y lo que quede de él hasta la mañana lo quemarás en el fuego. 11 Y así la comerás; con tus caderas ceñidas, tus zapatos en tus pies y tu bastón en tu mano; y la comerás pronto: es la Pascua del Señor.

12 Porque yo pasaré esta noche por la tierra de Egipto, y heriré a todo primogénito en la tierra de Egipto, así de hombres como de animales; y contra todos los dioses de Egipto haré juicio: Yo soy el SEÑOR.
13 Y la sangre te servirá de señal sobre las casas donde estés; y cuando yo vea la sangre, pasaré de largo sobre ti, y no te alcanzará la plaga para destruirte, cuando hiera la tierra de Egipto.
14 Y este día os servirá de memoria; y lo celebraréis como fiesta al Señor de generación en generación; lo celebraréis como fiesta por decreto para siempre.
15 Durante siete días comeréis pan sin levadura; desde el primer día quitaréis la levadura de vuestras casas, porque cualquiera que coma pan con levadura desde el primer día hasta el séptimo, esa persona será exterminada de Israel.
16 Y el primer día habrá santa convocación, y el séptimo día habrá santa convocación; en ellos no se hará ningún trabajo, excepto

lo que cada uno debe comer, que es lo único que se puede hacer por vosotros.

17 Y observarás la Fiesta de los Panes sin Levadura; porque en este mismo día
Yo saqué tus ejércitos de la tierra de Egipto; por tanto, guardarás este día de generación en generación con ordenanza perpetua.

18 El primer mes, el día catorce del mes por la tarde, comeréis panes sin levadura, hasta la tarde del día veintiuno del mes.

19 Por siete días no se hallará levadura en vuestras casas; porque cualquiera que comiere leudado, esa alma también será exterminada de la comunidad de Israel, sea forastero o nacido en la tierra.

20 No comeréis nada leudado; en todas vuestras moradas comeréis panes sin levadura.

21 Entonces Moisés llamó a todos los ancianos de Israel y les dijo: Tomad un cordero según vuestras familias y sacrificad la Pascua.

22 Y tomaréis un manojo de hisopo, y lo mojaréis en la sangre que está en la jofaina, y heriréis el dintel y las dos columnas laterales con la sangre que está en la jofaina; y ninguno de vosotros saldrá de la puerta de su casa hasta la mañana.

23 Porque el SEÑOR pasará para herir a los egipcios; y cuando vea la sangre en el dintel y en los dos postes laterales, el SEÑOR pasará

por encima de la puerta y no permitirá que el destructor entre en vuestras casas para heriros.
24 Y observarás esto como una ordenanza para ti y tus hijos para siempre.

25 Y cuando hayáis entrado en la tierra que Yahveh os dará, como os ha prometido, observaréis este servicio.
26 Y sucederá que cuando tus hijos te digan: ¿Qué quieres decir?
con este servicio?
27 ¿Qué diréis: Es el sacrificio de la Pascua del Señor, que ha pasado sobre las casas de los hijos de Israel en Egipto, cuando hirió a los egipcios y libró nuestras casas. Y el pueblo se inclinó y adoró.
28 Los hijos de Israel salieron e hicieron como el SEÑOR había mandado a Moisés y a Aarón, y así lo hicieron.

Obsérvese que si se utiliza el calendario gregoriano o el enochiano, el día judío comienza al atardecer, mientras que tanto el calendario enochiano como el gregoriano comienzan a medianoche, por lo que la Pascua dura ocho días. Ahora, podemos ver que el calendario lunar hebreo, el calendario enoquiano y el calendario gregoriano trabajan juntos.

Volviendo a la profecía del libro de Daniel llamada "La Semana de Daniel", ahora podemos plantearnos la primera pregunta intelectual: "¿En qué año se basa la profecía?".

La aplicación del calendario de Enoc a la profecía se trata en detalle en "Los calendarios proféticos de Enoc y Daniel", a partir de la página 180.

1 Enoc, 2 Enoc, 3 Enoc

Tres textos diferentes En este texto, el libro de Enoc se denominará en adelante 1 Enoc, porque hay otros dos libros en el libro de Enoc que se describirán. Apareció otro "libro de Enoc", al que generalmente se hace referencia como Enoc eslavo o 2 Enoc, que fue descubierto por el profesor Sokolov en 1886 en los archivos de la Biblioteca Pública de Belgrado y, al igual que "1 Enoc", que escapó a la supresión eclesiástica a orillas del Mediterráneo en el siglo VI, "2 Enoc" parece haber sobrevivido mucho tiempo después de la destrucción u ocultación de los textos copiados de la fuente. Los estudiosos del texto de Enoc creen que el manuscrito original de 2 Enoc, del que se derivó el texto eslavo, era muy probablemente un texto griego, posiblemente basado en un texto hebreo o arameo, hay pruebas de que se hicieron muchas adiciones al texto original de Enoc 2, por desgracia, las adiciones y supresiones posteriores de supuestas enseñanzas "erróneas" han hecho que el texto no sea fiable, algunos sostienen que el texto no se remonta al siglo VII dC, dado que Enoc 2 contiene algunos elementos relativos a fechas concretas y leyes calendáricas, otros sostienen que estos pasajes no prueban la autoría cristiana, sino que fueron insertados por figuras cristianas posteriores en un texto anterior, por ejemplo, RH Charles, un lingüista de Enoc, afirma que incluso el mejor de los dos manuscritos eslavos de Enoc 2 contiene inserciones y está textualmente "roto".

La última obra importante en la tradición de Enoc es el Libro número 3

El Libro de Enoc también se conoce como Libro de Enoc en hebreo o, como se denomina aquí, 3 Enoc.3 Enoc es un tesoro de conocimiento místico. Se afirma que fue escrito por el rabino Ismael, un venerado y dotado sacerdote que vivió entre los años 90 y 130 d.C.; sin embargo, no se han encontrado fragmentos que daten de antes del 400 d.C. aproximadamente. El libro está escrito en hebreo, pero algunas partes están en latín, griego y otras lenguas afines.

Las raíces de Enoc se encuentran en la historia de Metatrón, según la cual Enoc ascendió al cielo y se transformó en el ángel Metatrón. A Enoch se le dio entonces autoridad sobre los ángeles y las naciones de la tierra, lo que los poderes angélicos protestaron, la cantidad de información mística y teorías angélicas contenidas en este libro no tiene parangón. Enoc 3 es claramente una continuación y evolución de las tradiciones de Enoc 1 y Enoc 2, en las que se basa la historia.

Manuscritos y tradición textual

Los manuscritos y la tradición textual del Libro de Enoc representan un capítulo fundamental y fascinante de la historia de las religiones y de la investigación filológica e histórico-religiosa. La historia del texto de Enoc abarca varios siglos y culturas, y se entrelaza con las vicisitudes de las comunidades judía y cristiana que han conservado y transmitido su memoria a lo largo del tiempo.

El Libro de Enoc se conoce principalmente en su versión etíope, que ha llegado hasta nosotros a través de numerosos manuscritos datados entre los siglos XIV y XVIII. La mayoría de estos manuscritos se conservan en la Biblioteca Nacional de París y en la Biblioteca Vaticana, y proporcionan valiosas pruebas de la difusión y fortuna del texto entre las comunidades cristianas etíopes.

Sin embargo, los eruditos creen que la versión etíope es una traducción de una obra escrita originalmente en hebreo o arameo. El descubrimiento de los manuscritos del Mar Muerto en 1947 confirmó esta hipótesis, al sacar a la luz fragmentos del Libro de Enoc en hebreo y arameo. Estos fragmentos, datados entre los siglos II a.c. y I d.C., se conservan en el Museo de Israel de Jerusalén y atestiguan la importancia del texto en la tradición religiosa y literaria de las comunidades judías de la época.

Se han encontrado otros fragmentos del Libro de Enoc en griego, en manuscritos que datan de los siglos V y VI d.c.. La versión griega, que sólo se ha conservado parcialmente, da testimonio de la difusión del texto en el mundo helenístico y cristiano y ofrece interesantes pistas para reconstruir la historia y las fuentes del libro.

La tradición textual del Libro de Enoc presenta una notable complejidad y diversidad, reflejo de las vicisitudes históricas y culturales de las comunidades que han conservado y transmitido el texto. Cada versión y manuscrito del libro presenta variaciones y peculiaridades que atestiguan su origen y tradición, y ofrecen materia de reflexión e investigación a los estudiosos de la filología y la historia de las religiones.

Uno de los principales retos que plantea la tradición textual del Libro de Enoc es el de reconstruir el texto original y sus fuentes. Los eruditos se han enfrentado a las dificultades e incertidumbres de la crítica textual y de la comparación de las distintas versiones y manuscritos, tratando de identificar los criterios y métodos más apropiados para establecer el origen y la autenticidad de las diferentes partes del libro.

Uno de los aspectos más interesantes de la tradición textual del Libro de Enoc es la relación entre las distintas secciones y las tradiciones que las componen. En efecto, el texto se presenta como un conjunto de revelaciones y visiones que Enoc habría recibido directamente de Dios o de ángeles, y que luego transmitió a los hombres en forma de libro. Esta estructura compuesta y estratificada del texto refleja la diversidad de sus fuentes y tradiciones subyacentes, y plantea interrogantes y problemas en cuanto a su unidad y coherencia interna.

Los eruditos han intentado identificar los vínculos e interconexiones entre las distintas secciones del Libro de Enoc y reconstruir el proceso de su formación y edición a lo largo del tiempo. Entre las hipótesis más aceptadas está la de que el libro fue el resultado de una composición y recopilación progresivas de tradiciones y revelaciones independientes, que luego se unieron y armonizaron bajo los auspicios del personaje de Enoc.

La investigación sobre la tradición textual del Libro de Enoc ha abierto nuevos horizontes al estudio y la interpretación del texto y sus fuentes. Los estudiosos han examinado manuscritos y versiones del libro a la luz de los conocimientos y metodologías de la filología y la historia de las religiones, poniendo de relieve las relaciones e influencias entre las distintas tradiciones y culturas que han marcado su historia. Entre los ejemplos más significativos de esta investigación figura el estudio de las conexiones entre el Libro de Enoc y la literatura apocalíptica y apócrifa de la Antigüedad, que permitió identificar temas e imágenes comunes y comprender el contexto religioso y cultural en el que el libro fue concebido y escrito. Del mismo modo, el análisis de las influencias e interacciones entre el Libro de Enoc y otras tradiciones religiosas y mitológicas de su época, como la mesopotámica, la egipcia y la persa, ayudó a esclarecer la naturaleza y el significado del texto dentro del panorama de las religiones antiguas.

La tradición textual del Libro de Enoc constituye, por tanto, un vasto y complejo campo de investigación, que despierta la curiosidad y el interés de los estudiosos de la religión, la literatura y la filología. A través del estudio de manuscritos y versiones del libro, podemos acercarnos a la comprensión de las raíces y transformaciones del pensamiento religioso judío y cristiano, y descubrir las huellas de un pasado lejano y fascinante que sigue ejerciendo su fascinación e influencia en el presente y el futuro de la humanidad.

En conclusión, la historia de los manuscritos y la tradición textual del Libro de Enoch constituye un capítulo fascinante e intrigante de la historia de las religiones y de la investigación filológica e histórico-religiosa. Mediante el estudio y el análisis de este inestimable patrimonio de sabiduría y conocimiento, podemos ampliar nuestra comprensión de las creencias y experiencias religiosas que han conformado nuestro mundo y nuestra cultura, y abrir nuevos horizontes para la reflexión y la investigación en el campo de las religiones y las tradiciones espirituales.

El Libro de Enoc es una de las obras apócrifas más fascinantes y misteriosas, un texto que ha suscitado interrogantes y debates durante siglos. Aunque no está reconocido como parte del canon bíblico, el Libro de Enoc ha ejercido una gran influencia en la teología y la literatura judías y cristianas. En este libro exploraremos los orígenes, el contenido y las implicaciones de este enigmático texto, tratando de comprender su significado histórico y religioso.

La historia del Libro de Enoc hunde sus raíces en el antiguo Oriente, un mundo en el que mito y realidad estaban inextricablemente entrelazados. El texto se atribuye a Enoc, un personaje bíblico que, según la tradición, fue llevado al cielo antes del Diluvio universal y del que se dice que vivió 365 años. El Libro de Enoc relata sus visiones y revelaciones celestiales, revelando una realidad oculta y trascendente detrás de la historia humana.

Uno de los temas centrales del Libro de Enoc es la caída de los ángeles y su corrupción de la humanidad. Según la narración, un grupo de ángeles rebeldes, dirigidos por el arcángel Semyaza, desobedecieron a Dios y se aparearon con mujeres terrestres, produciendo una raza de gigantes malignos. Este relato ha influido notablemente en la literatura apocalíptica y demonológica posterior, dando lugar a un vasto corpus de textos y tradiciones que se extienden hasta nuestros días.

Más allá de la narración sobre la caída de los ángeles, el Libro de Enoc consta de varias secciones que exploran temas relacionados con el profetismo, la escatología y la cosmología. La complejidad y riqueza de estos contenidos han hecho del Libro de Enoc un texto fascinante para los estudiosos de las religiones antiguas y para quienes buscan comprender las raíces de las creencias judeocristianas.

Uno de los aspectos más intrigantes del Libro de Enoc es su relación con la Biblia. Aunque no está incluido en el canon bíblico, el texto presenta numerosas conexiones y paralelismos con los libros del Génesis, Daniel y otras escrituras. Este hecho ha suscitado dudas sobre la canonicidad del Libro de Enoc y su posible influencia en la formación del pensamiento religioso judío y cristiano.

A lo largo de los siglos, el Libro de Enoc ha sido objeto de controversia y debate. Se ha cuestionado su autoridad y autenticidad, y su influencia en la teología y la literatura ha sido objeto de intensos estudios. Sin embargo, el Libro de Enoc sigue ejerciendo una irresistible fascinación sobre cualquiera que se acerque a este texto enigmático y profundo.

En este libro nos proponemos examinar el Libro de Enoc en toda su complejidad y amplitud, analizando su historia, su contenido y su repercusión en la cultura religiosa y literaria. A través de un análisis en profundidad de sus temas y fuentes, intentaremos arrojar nueva luz sobre este extraordinario texto y comprender su importancia dentro del panorama religioso y cultural de la Antigüedad.

Nuestro viaje nos llevará a explorar los orígenes y tradiciones del Libro de Enoc, comparándolo con los textos bíblicos y apócrifos que compartieron su historia y destino. Analizaremos las visiones y revelaciones de Enoc, tratando de comprender su alcance y significado dentro del contexto religioso y cultural de la época.

También examinaremos el papel del Libro de Enoc en la teología y la literatura judías y cristianas, investigando sus posibles influencias e implicaciones para la comprensión de las antiguas creencias religiosas. Por último, cuestionaremos el valor y la relevancia del Libro de Enoc en el debate moderno, evaluando las diferentes interpretaciones y desafíos que este texto apócrifo sigue planteando a estudiosos y creyentes.

A través de este viaje de estudio y descubrimiento, esperamos ofrecer al lector una visión completa y en profundidad del Libro de Enoc, uno de los textos más fascinantes y misteriosos del patrimonio religioso y cultural de la humanidad.

La historia del Libro de Enoc

La historia y el origen del Libro de Enoc se remontan a un pasado remoto, a una época en la que la religión, la mitología y la historia estaban inextricablemente entrelazadas. El Libro de Enoc es una obra atribuida a Enoc, personaje bíblico mencionado en el libro del Génesis como séptimo patriarca después de Adán y bisabuelo de Noé. Según la tradición, Enoc vivió 365 años y fue "arrebatado" por Dios antes del Diluvio, convirtiéndose así en símbolo de la rectitud y el conocimiento divino. El Libro de Enoc forma parte del corpus de textos apócrifos, es decir, libros no incluidos en el canon bíblico. Su composición se remonta probablemente a un periodo comprendido entre los siglos IV y II a.C., aunque partes del texto pueden ser de origen anterior. La tradición atribuye la autoría de la obra a Enoc, pero los estudiosos creen que el libro es el resultado de un complejo y estratificado proceso de composición en el que distintos autores y tradiciones contribuyeron a la formación del texto final.

El Libro de Enoc se presenta como una colección de revelaciones y visiones que Enoc habría recibido directamente de Dios o de ángeles. Estas revelaciones se refieren a temas centrales de la religiosidad judía de la época, como la caída de los ángeles, el Juicio Final y la escatología. El texto está escrito en un lenguaje simbólico y visionario que recuerda la literatura apocalíptica y profética típica del periodo intertestamentario.

La versión más antigua conocida del Libro de Enoc es la etíope, conservada en numerosos manuscritos de los siglos XIV al XVIII. Sin embargo, los eruditos creen que el texto etíope es una traducción de una obra escrita originalmente en hebreo o arameo. De hecho, se han encontrado fragmentos del Libro de Enoc en estas lenguas entre los manuscritos del Mar Muerto, lo que atestigua la antigüedad y difusión del texto entre las comunidades judías de la época.

El Libro de Enoc se divide en cinco secciones principales, cada una de las cuales trata temas diferentes y tiene su propio estilo y origen. La primera sección, conocida como el "Libro de los Videntes", narra la caída de los ángeles y su corrupción de la humanidad. La segunda sección, el "Libro de las parábolas", es una obra apocalíptica que describe el juicio final y la condena de los ángeles rebeldes. La tercera sección, el "Libro de la astronomía", contiene una descripción detallada del cosmos y sus leyes, según la cosmología judaica de la época. La cuarta sección, el "Libro de los Sueños", narra las visiones y profecías de Enoc sobre el futuro de la humanidad y el juicio divino. Por último, la quinta sección, el "Libro de las Edades", presenta una historia universal dividida en diez periodos, cada uno de los cuales está marcado por un acontecimiento decisivo en la historia de la salvación.

El Libro de Enoc ha tenido una historia compleja y turbulenta, lo que lo convierte en un texto enigmático y fascinante. Aunque no está incluido en el canon bíblico, ni judío ni cristiano, el libro ejerció una fuerte influencia en la teología y la literatura religiosa de la Antigüedad. Su presencia queda atestiguada en las obras de numerosos autores judeocristianos, como Filón de Alejandría, Josefo Flavio y los Padres de la Iglesia, que citan o comentan su contenido.

A lo largo de los siglos, el Libro de Enoc ha sido objeto de controversia y debate en torno a su autoridad y autenticidad. Mientras que algunos Padres de la Iglesia, como Tertuliano, defendieron su canonicidad y lo consideraron una obra inspirada, otros, como Orígenes y Jerónimo, cuestionaron su origen y valor. La disputa sobre la canonicidad del Libro de Enoc duró hasta el Concilio de Cartago del año 397 d.C., que excluyó definitivamente el texto del canon cristiano.

A pesar de su exclusión del canon, el Libro de Enoc ha seguido ejerciendo una irresistible fascinación sobre teólogos, esoteristas y estudiosos de las religiones antiguas. Su lenguaje simbólico y visionario, sus temas profundos y misteriosos y su capacidad para desvelar una realidad trascendente y oculta han hecho del texto una fuente inagotable de inspiración e investigación.

En la era moderna, el descubrimiento de los manuscritos del Mar Muerto y la traducción y edición crítica del texto etíope han abierto nuevos horizontes para el estudio y la interpretación del Libro de Enoc. Los estudiosos de las religiones antiguas y la literatura apócrifa se han enfrentado a los retos que plantea el texto, tratando de reconstruir su historia, sus fuentes y su significado dentro del contexto religioso y cultural de la época. La investigación sobre el Libro de Enoc ha contribuido significativamente a la comprensión de los orígenes y transformaciones del pensamiento religioso judío y cristiano, ofreciendo ideas y debates que se extienden hasta nuestros días.

En conclusión, la historia y el origen del Libro de Enoc están impregnados de misterio y fascinación, y dan testimonio de un pasado lejano y de una tradición religiosa compleja y estratificada. A través del estudio y el análisis de este enigmático texto, podemos acercarnos a la comprensión de las raíces de las creencias y experiencias religiosas que han conformado la cultura y la espiritualidad humanas a lo largo de los tiempos. El Libro de Enoc representa un patrimonio inestimable de sabiduría y conocimiento, que nos invita a explorar las profundidades de nuestra historia e identidad religiosa.

El debate sobre el valor y la importancia del Libro de Enoc en la historia de las religiones continúa hasta nuestros días. Mientras algunos estudiosos sostienen que el texto debe considerarse una fuente fundamental para comprender los orígenes del pensamiento religioso judío y cristiano, otros cuestionan su autenticidad y relevancia dentro del panorama religioso y cultural de la Antigüedad. Sin embargo, lo que se desprende claramente del análisis del Libro de Enoc es su capacidad para suscitar preguntas y estimular la reflexión sobre la naturaleza y el destino de la humanidad, la relación entre Dios y los seres humanos y la lucha entre el bien y el mal.

Uno de los aspectos más interesantes del Libro de Enoc es su conexión con otras tradiciones religiosas y culturales de su época. En efecto, el texto presenta numerosos paralelismos y similitudes con mitologías y cosmologías mesopotámicas, egipcias y persas, lo que da testimonio de un diálogo y confrontación entre culturas diferentes que también se refleja en los temas e imágenes del libro. La figura de Enoch, el anciano sabio que recibe la revelación divina y transmite sus conocimientos a los hombres, puede relacionarse con figuras mitológicas e históricas de otras civilizaciones, como el sumerio Enmeduranki, el egipcio Thoth y el persa Zoroastro.

El Libro de Enoc, por su complejidad y riqueza, nos brinda una oportunidad única para sondear las profundidades de la espiritualidad y la religiosidad humanas, indagar en los misterios de la creación y el destino de la humanidad, y enfrentarnos a las preguntas y dilemas que han atormentado e inspirado a los seres humanos a lo largo de la historia. A través del estudio de este extraordinario texto, podemos ampliar nuestro conocimiento y comprensión de las creencias y aspiraciones religiosas que han conformado nuestro mundo y nuestra cultura, y abrir nuevos horizontes para la reflexión y la investigación en el campo de las religiones y las tradiciones espirituales.

En definitiva, la historia y el origen del Libro de Enoc representan un viaje fascinante y convincente al corazón de nuestra historia religiosa y cultural, un viaje que nos enfrenta a las raíces más profundas y misteriosas de nuestra herencia espiritual y nos lleva a descubrir las huellas de un pasado lejano y fascinante que sigue ejerciendo su fascinación e influencia en el presente y el futuro de la humanidad.

Las principales secciones del Libro de Enoc

El Libro de Enoc es una obra compleja y articulada, que consta de varias secciones y partes, cada una con sus características y temas específicos. Las principales secciones del libro se identifican comúnmente como sigue:

El Libro de los Videntes (capítulos 1-36): Esta sección, también conocida como "Primer Enoc" o "Enoc etíope", es la más antigua y contiene las visiones de Enoc sobre la caída de los ángeles rebeldes, llamados "Vigilantes", y su relación con mujeres humanas. El resultado de estas uniones fue el nacimiento de gigantes, que causaron violencia y destrucción en la Tierra. La sección también narra la llegada del juicio divino sobre los Vigilantes y sus descendientes, y la revelación de secretos celestiales a Enoc por parte de los ángeles.

El Libro de las Parábolas (capítulos 37-71): También conocido como "Segundo Enoc" o "Similitudes de Enoc", esta sección sólo está presente en la versión etíope del libro y destaca por la introducción del personaje del "Hijo del Hombre", un misterioso ser celestial que juzgará a los malvados e instaurará un reino de justicia y paz en la Tierra. Las parábolas de esta sección se centran en el tema del juicio final y la retribución de justos y malvados, y presentan considerables afinidades con la literatura apocalíptica y mesiánica judía y cristiana.

El Libro de las Razas Celestes (capítulos 72-82): Esta sección, también conocida como "Tercer Enoc" o "Astronómico", contiene una serie de revelaciones relativas al sistema cosmológico y astrológico, y descripciones detalladas de los movimientos de las estrellas y los planetas, las estaciones y los meses, y los fenómenos celestes y meteorológicos. El Libro de las Razas Celestes subraya la importancia de los conocimientos astronómicos y del calendario para la vida religiosa y cultual de las comunidades judías de la época, y revela la influencia de las tradiciones cosmológicas mesopotámicas y egipcias en el pensamiento judío.

El Libro de los Sueños (capítulos 83-90): En esta sección, Enoc narra dos series de visiones oníricas que simbolizan la historia de la humanidad desde la creación hasta el juicio final y la redención escatológica. El Libro de los Sueños se caracteriza por un lenguaje simbólico y alegórico, que representa personajes y escenas del mundo animal y natural, como carneros, ciervos, elefantes y estrellas. Las visiones de Enoch anticipan y prefiguran los temas e imágenes de la literatura apocalíptica y escatológica judía y cristiana.

La Epístola de Enoc (capítulos 91-105): Esta sección comprende una serie de exhortaciones, amonestaciones y profecías dirigidas a la comunidad de los justos y elegidos, llamados a perseverar en la fe y la obediencia a la Ley de Dios mientras esperan el juicio final y la retribución escatológica. La Epístola de Enoc es una especie de testamento espiritual del patriarca, que expresa su preocupación y amor por sus descendientes y por todos los que siguen el camino de la justicia y la verdad.

La Revelación de Enoc (capítulos 106-107): Esta breve sección, que se encuentra al final del libro, narra el nacimiento de Noé y el anuncio de la llegada del diluvio universal como castigo por la maldad de los hombres y la corrupción del mundo. La Revelación de Enoc conecta con las tradiciones bíblicas del diluvio y la genealogía de los patriarcas, y anticipa el tema de la redención y el renacimiento de la humanidad a través de la obra de Noé y sus hijos.

Las principales secciones del Libro de Enoc ofrecen una amplia y variada panorámica del pensamiento religioso y cultural judío del periodo intertestamentario, y ponen de relieve las conexiones e interacciones entre las distintas tradiciones y corrientes de la época. El libro se presenta como un mosaico de visiones, revelaciones y enseñanzas, que beben de fuentes e influencias diversas y expresan una espiritualidad profunda e inquieta, marcada por el anhelo de trascendencia y la expectativa de redención y justicia divina.

Las secciones del Libro de Enoc reflejan también las preocupaciones y esperanzas de las comunidades judías de la época, que se enfrentaban a los desafíos y tentaciones del mundo que las rodeaba y buscaban en su herencia de fe y tradición los recursos y la guía para afrontar las pruebas e incertidumbres del destino histórico y religioso. El libro de Enoc se dirige a estas comunidades como faro y guía, iluminando el camino de la fe y la verdad y llamando a la conversión y a la fidelidad a la Ley y a la alianza con Dios. En su conjunto, el Libro de Enoc representa una obra maestra de la literatura apócrifa y apocalíptica de la Antigüedad, que atestigua la vitalidad y riqueza del pensamiento religioso judío y ejerce una influencia profunda y duradera en la tradición y espiritualidad cristianas. Las secciones del libro invitan al lector a sumergirse en el mundo de las visiones y revelaciones de Enoc, y a dejarse guiar por su sabiduría y experiencia en la búsqueda del sentido y el valor de la vida y la historia humanas.

Los ángeles caídos y su influencia en la Tierra

El tema de los ángeles caídos es uno de los aspectos más fascinantes y misteriosos del Libro de Enoc, y desempeña un papel central en la narración y la estructura de la obra. Los ángeles caídos, también conocidos como "Vigilantes" o "Hijos de Dios", son criaturas celestiales que, según la leyenda, se rebelaron contra la autoridad y la voluntad divinas, y descendieron a la Tierra para unirse con mujeres humanas y generar una progenie de gigantes, responsables de la violencia, la corrupción y la destrucción.

La historia de los ángeles caídos se inscribe en un amplio marco mitológico y religioso, que hunde sus raíces en las tradiciones y creencias del antiguo Oriente y se desarrolla y transforma a lo largo de la historia de la literatura y la religión judías y cristianas. Los ángeles caídos representan un símbolo y arquetipo de rebelión y transgresión del orden divino, y encarnan las fuerzas del mal y el caos que amenazan la armonía y el equilibrio del cosmos y la sociedad humana. La figura de los ángeles caídos ya aparece en el libro del Génesis (6:1-4), donde se narra que los "hijos de Dios" se aparearon con las "hijas de los hombres", dando lugar a una estirpe de "héroes" o "gigantes" llamados "Nefilim". Este episodio, que se sitúa en el contexto de la genealogía y la historia de los patriarcas antediluvianos, plantea interrogantes y problemas de interpretación que han estimulado la curiosidad y la imaginación de autores y lectores bíblicos. El Libro de Enoc retoma y amplía la historia de los ángeles caídos, atribuyéndoles un papel crucial en el proceso de degeneración y decadencia de la humanidad y del mundo. En el Libro de los Videntes (capítulos 1-36), Enoc describe el descenso de los ángeles a la Tierra y su unión con mujeres humanas, que generan una monstruosa progenie de gigantes, hambrientos de sangre y carne humana.

Los ángeles caídos, dirigidos por sus jefes, entre ellos Semyaza, Azazel y otros, imparten secretos y conocimientos prohibidos a hombres y mujeres, como la magia, la astrología, la metalurgia y la cosmética, que corrompen y pervierten la naturaleza y la cultura humanas. Estigmatizan la violencia, la injusticia y la idolatría, y provocan la reacción y el juicio divinos, que se manifiestan a través del diluvio universal y la destrucción de los gigantes y sus padres.

La figura de los ángeles caídos evoca y simboliza el tema del pecado y la culpa, que impregnan la historia y la conciencia humana y requieren la intervención divina y la redención. Encarnan la tentación y la seducción del mal, que se arrastra y se extiende en el corazón y la mente humanos, y que se opone a la ley y al amor de Dios. Los ángeles caídos representan también la fragilidad y fugacidad de la condición humana, que está expuesta a las asechanzas y seducciones de las fuerzas oscuras y malignas, y que sólo puede encontrar salvación y esperanza en la fe y la gracia divina.

A lo largo de la narración del Libro de Enoc, los ángeles caídos experimentan la carga y el sufrimiento de su pecado y rebelión, e invocan el perdón y la misericordia de Dios a través de la intercesión de Enoc, que actúa como mediador y profeta entre el cielo y la tierra. Sin embargo, el destino de los ángeles caídos está sellado por la ira y la justicia divinas, que los condenan al encarcelamiento y la destrucción eterna en las profundidades de la tierra y en el abismo del infierno. La historia de los ángeles caídos en el Libro de Enoc ejerce una influencia profunda y duradera en la literatura y la religión judías y cristianas, y contribuye a conformar y enriquecer el patrimonio de imágenes y símbolos de la escatología y la demonología bíblicas. La figura de los ángeles caídos se refleja y transforma en las distintas corrientes y tradiciones del pensamiento y la espiritualidad judía y cristiana, y se encarna en personajes y figuras como Satanás, Lucifer, los demonios y los pecadores impíos.

La historia de los ángeles caídos en el Libro de Enoc se centra en el tema de la libertad y la responsabilidad moral del hombre y los ángeles, llamados a elegir entre el bien y el mal, la luz y las tinieblas, la vida y la muerte. Desafía e insta al lector a reflexionar sobre sus propias elecciones y acciones, y a afrontar las consecuencias e implicaciones de su conducta y su relación con Dios y el prójimo.

En conclusión, los ángeles caídos del Libro de Enoc constituyen un elemento fundamental y pregnante del patrimonio mitológico y religioso de la humanidad, que cuestiona y desafía la conciencia y la imaginación de los hombres de todos los tiempos y culturas. Nos invitan a explorar y sondear las profundidades y los límites del mal y el sufrimiento, y a buscar con fe y esperanza el camino de la redención y la salvación. La historia de los ángeles caídos en el Libro de Enoc es una historia de pecado y caída, pero también de redención y resurrección, que se desarrolla y cumple en la historia y el misterio de la creación y la providencia divina.

Enoc y sus visiones celestiales

Uno de los aspectos más fascinantes y evocadores del Libro de Enoc está representado por las visiones celestiales del protagonista, que constituyen el leitmotiv y punto de convergencia de las distintas secciones y temas de la obra. Enoch, patriarca prediluviano y figura emblemática de la sabiduría y la profecía bíblicas, es llamado por Dios a emprender un viaje extraordinario e iniciático por los cielos y las esferas celestes, y a recibir las revelaciones y enseñanzas que se le confían para el bien y la salvación de la humanidad.

Las visiones celestiales de Enoc se sitúan en el contexto de la literatura apocalíptica y mística de la antigüedad judía y cristiana, que se caracteriza por la riqueza y variedad de sus imágenes y símbolos, y por la intensidad y profundidad de sus experiencias y conocimientos espirituales. Enoch es el arquetipo y modelo del vidente y místico, que trasciende los límites y barreras del tiempo y el espacio, y se enfrenta a las realidades y verdades últimas de la vida y la historia.

Las visiones celestiales de Enoch se desarrollan y despliegan en diferentes etapas y fases, que corresponden a las secciones y ciclos de la obra. En el Libro de los Videntes (capítulos 1-36), Enoc es conducido por un ángel a través de los siete cielos y las moradas celestiales, donde encuentra y contempla las maravillas y los misterios de la creación y la providencia divina, como el trono de Dios, los querubines, los serafines, los cuatro vientos y los pilares de la tierra. Enoc también es testigo del juicio y castigo de los ángeles caídos y los gigantes, y recibe revelaciones y profecías sobre el destino y la redención de la humanidad.

En el Libro de las Parábolas (capítulos 37-71), Enoc es introducido a visiones y misterios escatológicos y mesiánicos, que anticipan y prefiguran la venida y el reinado del Hijo del Hombre, identificado con el Mesías y el Siervo de Dios. Enoc contempla el juicio final y la retribución de justos e impíos, y recibe enseñanzas y advertencias sobre la fidelidad a la Ley y a la alianza con Dios.

En el Libro de las Estrellas (capítulos 72-82), Enoc es instruido en los arcanos y leyes del cosmos y el firmamento, como el movimiento y la medida de los cuerpos celestes y el calendario y las fiestas litúrgicas. Enoc aprende la sabiduría y la ciencia de la creación y la naturaleza, que le permiten comprender e interpretar los signos y designios de la voluntad y la presencia divinas en el mundo.

Las visiones celestiales de Enoc culminan y se cumplen en el Libro de las Visiones **(capítulos 83-90),** donde el patriarca es testigo de la historia y

Una de las características más fascinantes del Libro de Enoc es la descripción de las visiones celestiales del patriarca, que le conducen por los confines del cosmos y le revelan los misterios del universo y de la historia humana. Estas visiones, que constituyen el núcleo y el hilo conductor de la obra, ofrecen una imagen vívida y evocadora del cosmos y del tiempo, y permiten al lector sumergirse en el mundo de las revelaciones y experiencias espirituales de Enoc.

Las visiones celestiales de Enoc comienzan con su llamada y ascensión al cielo, que tiene lugar bajo la guía de ángeles y arcángeles, como Uriel, Rafael, Gabriel y Miguel. Durante su viaje, Enoch descubre la estructura y organización del universo, compuesto por siete cielos, cada uno de los cuales corresponde a un nivel de realidad y espiritualidad. En los cielos superiores, Enoc encuentra criaturas angélicas y divinas, como los Serafines, los Querubines y el Trono de Dios, que simbolizan la perfección y la trascendencia de la realidad celeste.

Enoc también visita los lugares de castigo y encarcelamiento de los ángeles caídos y los pecadores impíos, como el abismo infernal y el Tártaro, que representan lo opuesto y el reverso de la realidad celestial y revelan la justicia y la misericordia divinas hacia las criaturas rebeldes y perdidas. En este contexto, Enoc asume el papel de mediador e intercesor entre el cielo y la tierra, y lleva el mensaje de esperanza y redención a las almas y ángeles afligidos y atormentados.

Durante sus visiones celestiales, Enoch también recibe una serie de revelaciones y enseñanzas sobre el curso y el destino de la historia humana y el plan divino de salvación y juicio. Estas revelaciones, recogidas y transmitidas en forma de visiones, parábolas y apocalipsis, ofrecen una visión amplia y profunda del tiempo y de la historia, y ponen de relieve los principios y valores que guían y dirigen el camino del hombre y de las naciones.

Enoch contempla, por ejemplo, la historia de los patriarcas y héroes de la antigüedad, como Adán, Noé, Abraham, Isaac y Jacob, y extrae de ellos lecciones y enseñanzas morales y espirituales. También observa los acontecimientos y la dinámica de las potencias e imperios mundiales, como Babilonia, Persia, Grecia y Roma, e interpreta su alcance y significado en relación con el designio y la soberanía divinos.

Las visiones celestiales de Enoc culminan con la revelación de la escatología y el apocalipsis, que anuncian el fin de los tiempos y la llegada del reino y el juicio de Dios. En estas visiones, Enoc vislumbra Enoc, figura emblemática y carismática del Libro de Enoc, es un patriarca prediluviano mencionado en la Biblia, entre Adán y Noé, y que, según la tradición, fue transportado al cielo sin conocer la muerte, en virtud de su rectitud y su comunión con Dios. Enoch es el protagonista y narrador de las visiones y revelaciones que forman el núcleo y la trama del libro, y que le conducen a través de un viaje extraordinario e iniciático a los secretos y misterios del cosmos y de la historia humana.

Las visiones celestiales de Enoc comienzan en el Libro de los Videntes **(capítulos 1-36),** donde el patriarca es arrebatado en éxtasis y conducido por un camino de ascensión y purificación espiritual, que le lleva a contemplar la belleza y grandeza de la creación divina, y a descubrir las leyes y principios que rigen y regulan la armonía y el orden del universo. Enoch se detiene en particular en la estructura y función del sol y la luna, las estrellas y las estaciones, los vientos y las aguas, y se maravilla ante la sabiduría y el poder de Dios, que se manifiesta y expresa en la obra de su mano.

Las visiones celestiales de Enoch continúan en el Libro de las **Parábolas (capítulos 37-71)**, donde el patriarca es introducido en el santuario y el trono de Dios, y se le revela el misterio del Hijo del Hombre, el Mesías glorioso y sufriente, que ha de juzgar y redimir al mundo al final de los tiempos. Enoc contempla la majestad y la gloria del Hijo del Hombre, que está sentado a la derecha del Padre, y que se identifica con el "Cristo", el "Siervo sufriente" y el "Pastor fiel" de las profecías bíblicas. Enoc está llamado a atestiguar y anunciar la venida del Hijo del Hombre y el cumplimiento de las promesas y profecías escatológicas.

Las visiones celestiales de Enoc culminan en el Libro de los ángeles **(capítulos 72-105)**, donde el patriarca es admitido en la escuela y comunión de los ángeles celestiales, que le enseñan y revelan los secretos y verdades ocultas de la creación y la historia. Enoc descubre, entre otras cosas, el misterio de los ángeles caídos y gigantes, y el destino de su progenie y líderes, condenados al juicio y castigo divinos. Enoc es invitado a rezar e interceder por los ángeles caídos, y a exhortar a hombres y mujeres a arrepentirse y convertirse a la ley y a la alianza con Dios.

Las visiones celestiales de Enoc en el Libro de Enoc son una fuente inagotable y fascinante de inspiración y meditación para el lector y el creyente.

Uno de los rasgos más fascinantes y evocadores del Libro de Enoc es la descripción de las visiones celestiales y experiencias místicas del protagonista, elevado a la presencia de Dios y de los secretos del cosmos y la historia humana. Estas visiones ocupan una parte significativa de la obra y constituyen uno de los hilos conductores del relato y del mensaje religioso y moral del libro.

Las visiones celestiales de Enoc comienzan con su llamada y ascensión al cielo, que tiene lugar bajo la guía y protección de los ángeles, en particular del arcángel Uriel, que acompaña al patriarca en su viaje por los distintos niveles y esferas del mundo celestial. En el curso de su ascensión, Enoc descubre y contempla las maravillas y los misterios de la creación, como el sol, la luna, las estrellas, los vientos, las aguas, la tierra y los abismos, que están ordenados y gobernados según la voluntad y la sabiduría divinas. Enoch penetra también en el santuario celestial y en el trono de Dios, donde asiste a la celebración de la liturgia y al culto angélico, y participa en la comunión y bienaventuranza de los espíritus elegidos y justos. En esta dimensión trascendente y luminosa, Enoc recibe las revelaciones y enseñanzas que constituyen el contenido y el núcleo de su libro, y que están destinadas a guiar e iluminar a la comunidad de creyentes y a los elegidos de la tierra.

Las visiones celestiales de Enoc también incluyen la revelación de la historia y el destino humanos, que se desarrollan según un plan y un diseño divinos y culminan en el juicio escatológico y la redención de los justos. Enoc contempla los acontecimientos y las generaciones de patriarcas y profetas, de reyes y sacerdotes, de pecadores y justos, que componen el tejido y el drama de la historia humana, y que se orientan y confrontan con la ley y la justicia, la misericordia y la fidelidad de Dios.

En sus visiones celestiales, Enoc experimenta y es testigo de la profundidad y amplitud del amor y la sabiduría divinos, que se manifiestan en la creación y la providencia, la ley y la alianza, el juicio y la salvación. El patriarca se convierte en portavoz e intérprete de la revelación y la verdad de Dios, que se dirigen a la humanidad como un don y un desafío, una promesa y una invitación a la conversión y la fidelidad.

Las visiones celestiales de Enoc en el Libro de Enoc ejercen una influencia profunda y duradera en la literatura y la religión judías y cristianas, y contribuyen a conformar y enriquecer el patrimonio de imágenes y símbolos de la espiritualidad y la mística bíblicas. La figura de Enoc como vidente y profeta, como mediador y testigo de la revelación y la presencia de Dios, se refleja y transforma en las diversas corrientes y tradiciones del pensamiento y la espiritualidad judíos y cristianos, y se encarna en personajes y figuras como Moisés, Isaías, Daniel, Juan el Apóstol y otros profetas y místicos de la Biblia y la historia de la Iglesia. Las visiones celestiales de Enoc en el Libro de Enoc invitan e instan al lector a elevarse por encima de las vicisitudes y limitaciones de la condición humana, y a orientarse y sumergirse en la contemplación y comunión con Dios y su misterio. Ofrecen un modelo y un ejemplo de ascesis y oración, de búsqueda y diálogo con la trascendencia y la alteridad divina, que interpela y transforma la conciencia y la existencia humanas.

Las visiones celestiales de Enoc se centran en el tema del conocimiento y la experiencia de Dios, que se manifiesta y comunica a través de la revelación y la gracia, la creación y la redención, la historia y la profecía. Exploran y sondean las profundidades y los límites de la sabiduría y el amor divinos, y conducen a la humanidad al descubrimiento y la aceptación de la verdad y la salvación que se derrama y realiza en la vida y el destino de cada hombre y cada pueblo.

Las visiones celestiales de Enoc en el Libro de Enoc son testimonio y expresión de la sed y el anhelo de Dios que animan e impregnan la historia y la cultura humanas, y que se encarnan y articulan en las diversas formas y manifestaciones de la religiosidad y la espiritualidad, la filosofía y el arte. Representan una herencia y un legado de sabiduría y de fe, de esperanza y de amor, que interpela y desafía a la humanidad en todo tiempo y lugar, y que invita a reconocer y celebrar la presencia y la acción de Dios en la historia y en el corazón de cada hombre.

En conclusión, las visiones celestiales de Enoc en el Libro de Enoc constituyen un elemento fundamental y pregnante del patrimonio religioso y espiritual de la humanidad, que cuestiona y desafía la conciencia y la imaginación de los hombres de todos los tiempos y culturas. Nos invitan a explorar y sondear las profundidades y los límites del conocimiento y la experiencia de Dios, y a buscar con fe y esperanza el camino de la redención y la salvación. La historia de las visiones celestiales de Enoc es una historia de revelación y comunión, de ascensión y transfiguración, que se desarrolla y se cumple en la historia y el misterio de la creación y la providencia divina.

El Primer Libro de Enoc (el Libro Etíope de Enoc)

El Libro de los Vigilantes (Capítulos 1-36)

El Primer Libro de Enoc no es un texto único, sino una colección de varios textos escritos por diferentes autores entre 300 y 400 años. El Libro de Enoc consta de seis secciones principales. Estas secciones pueden subdividirse a su vez. Al igual que los escritores bíblicos, puede decirse que los autores del Libro de Enoc no previeron que sus escritos se recopilarían en un solo libro.

Las seis secciones principales son las siguientes:

El Libro de los Vigilantes **(Capítulos 1-36)**

Probablemente escrito a finales del siglo III o principios del siglo II a.C.**:** Finales del siglo IIIrd o principios del siglo IInd a.C.

Tema general: El Juicio Final

Esta sección se considera la parte más auténtica e importante del Libro de Enoc.

Contenido:

Introducción (Capítulos 1-5): El Juicio Universal

La Caída (Capítulos 6-36): La caída de los ángeles que tuvieron relaciones sexuales con las mujeres de la tierra; la maldad de los hijos y la corrupción de la humanidad.

El Libro de las Parábolas (capítulos 37-71) **Probablemente escrito** :

1° siglo d.C.

Tema general: El Mesías y su juicio

Contenido:

1ª parábola: visión de Enoc del cielo con los justos, los [ángeles] y el Mesías (capítulos 38-44)

2ª parábola: El juicio mesiánico (capítulos 45-57) 3ª [parábola]: El Hijo del Hombre (capítulos 58-71))

Libro de la Astronomía y el Calendario (capítulos 72-82)
escrito probablemente: finales del siglo 3rd o principios del 2nd a.C.

Tema general y contenidos: Elementos de meteorología, movimiento de los astros, planetas, sol y luna y calendario.

El libro de las visiones (capítulos 83-90)

Probablemente escrito en 165-160 a.C. (se cree que fue escrito alrededor de la época de la revuelta liderada por los macabeos) **Tema general:** Juicio e historia

Contenido:

1ª ᵛⁱˢⁱᵒ́ⁿ: El diluvio como primer juicio (capítulos 83-84)

2ª ᵛⁱˢⁱᵒ́ⁿ: Historia de Israel hasta la revuelta (capítulos 85-90)

El Libro de Advertencias y Bendiciones de Enoc

(Capítulos 91-104)

Probablemente escrito: Principios del siglo 2° a.C.

Tema general: Advertencias, bendiciones y un apocalipsis

Contenido:

La profecía del Apocalipsis de las Semanas (capítulos 91 y 93)

Lo que sucederá a los pecadores y a los justos (capítulos 94-104)

Adiciones posteriores al texto, Libro de Noé (capítulos 105-108)

Probablemente fue escrito: 2° siglo antes de Cristo.

Tema general: Noé y Matusalén

Contenido: Esta sección del libro parece haber sido añadida en fecha posterior; consta de fragmentos de otros libros, como el Libro de Noé. Cuando el Libro de Enoc fue encontrado con los otros pergaminos alrededor del Mar Muerto, el Libro de las Parábolas no estaba incluido. Esto se debió a que se añadió en una fecha posterior. Además, el Libro de los Vigilantes y el Libro de las Visiones habían sido combinados y permanecían intactos.

1 El Libro de Enoc es el más aceptado

Este libro trata los tres libros de Enoc por separado, lo que significa que sólo uno de ellos se considera inspirado y canónico en la Iglesia cristiana etíope.

Los libros 2 y 3 de Enoc son en gran medida ajenos al cristianismo tradicional, sin embargo, el libro 1 de Enoc, que se analiza en esta obra, ha tenido un impacto significativo y sorprendente en el mundo cristiano moderno, ya que ha influido en nuestras creencias y comprensión de los ángeles, los demonios y el mundo venidero.

Las traducciones utilizadas en esta obra proceden de los manuscritos de Richard Lawrence y RH Charles, así como de diversas fuentes y comentarios; los textos de los siglos XVIII y XIX pueden parecer un poco engorrosos a nuestros ojos del siglo XXI, por lo que se han comparado para facilitar su lectura a los lectores ingleses "americanos" modernos. Cuando existen diferencias evidentes entre los dos textos, se han añadido palabras entre paréntesis para indicar ambos métodos de traducción. Además de las notas de traducción, hay referencias bibliográficas que muestran cómo el libro de Enoc contiene diversas fuentes del Antiguo Testamento o cómo Enoc fue citado o utilizado como fuente por los escritores del Nuevo Testamento. Estas referencias bíblicas, así como las de otras fuentes antiguas, están en prosa y remiten al capítulo y versículo. Las notas y comentarios del autor están escritos en texto plano, mientras que el libro de Enoc aparece en negrita.

Volvamos ahora al primer capítulo del Libro de Enoc

. El Libro de los Vigilantes es una de las partes más antiguas y fascinantes del Libro de Enoc, obra apócrifa de tradición judía y cristiana. Los primeros 14 capítulos narran la historia de los ángeles caídos, llamados Vigilantes, y sus interacciones con la humanidad. Enoc, el autor del libro, es un personaje enigmático que, según la tradición, fue ascendido al cielo y recibió revelaciones divinas. En estos capítulos, Enoc hace declaraciones en favor de los injustos, instándoles a arrepentirse y cambiar sus malos caminos.

Capítulo 1: La visión de Enoc

El primer capítulo presenta la visión de Enoc, que describe cómo la justicia divina acecha a quienes cometen pecados e injusticias. Enoc recibe el encargo de anunciar el juicio de Dios a todos los seres vivos de la Tierra:

"1.1 La palabra de la bendición de Enoc, con la que bendijo a los elegidos y justos que vivirán en el día de la tribulación, cuando todos los impíos e impíos sean eliminados". (Enoc 1:1)

Capítulo 2: La belleza de la creación

Enoch exhorta a los injustos a contemplar la belleza de la creación divina y a darse cuenta del poder de Dios. Subraya la importancia de temer a Dios y llevar una vida recta:

"2.1 Contempla los cielos, como aparece el firmamento; y mira todas las obras de la tierra, cuántas obras hay de Dios en la tierra". (Enoc 2:1)

Capítulo 3: La grandeza de Dios

El tercer capítulo se centra en la grandeza de Dios y su justicia, que va más allá de la comprensión humana. Enoc invita a los injustos a reflexionar sobre su conducta y a reconocer la autoridad divina:

"3.1 Todas las obras del Señor se han hecho con rectitud, y todos sus mandatos y juicios se han cumplido con justicia". (Enoc 3:1)

Capítulo 4: Los observadores y sus acciones

El cuarto capítulo presenta a los Vigilantes, ángeles caídos que han abandonado su lugar en el cielo para unirse a la humanidad. Se les describe como los perpetradores de la injusticia en la Tierra y responsables de la propagación de la maldad:

"4.6 Y tú, oh Enoc, bendice a los justos, y da gloria al Gran Rey de los siglos; y ellos procederán y caminarán por el camino de la justicia, y todos sus pensamientos serán de adoración y alabanza a Dios." (Enoc 4:6)

Capítulo 5: La enseñanza de los observadores

Enoch describe el conocimiento secreto que los Vigilantes han enseñado a la humanidad, incluyendo la magia, la astrología y la metalurgia. Estos conocimientos han contribuido al aumento de la injusticia y la violencia en la Tierra:

"5.8 Y toda la tierra se corrompió por las obras que fueron enseñadas por Azazel: a él atribuid todos los pecados". (Enoch 5:8)

Capítulo 6: La corrupción de la humanidad

El sexto capítulo describe la corrupción de la humanidad causada por los Vigilantes, que tomaron como esposas a mujeres humanas y engendraron gigantes, conocidos como Nephilim. Estos gigantes trajeron destrucción y sufrimiento a la tierra:

"6.4 Al verlas, los ángeles, los hijos del cielo, sintieron un gran deseo por ellas, y dijeron entre sí: 'Venid, escojamos esposas para nosotros de entre las hijas de los hombres y engendremos hijos'". (Enoc 6:4)

Capítulo 7: La violencia de los Nephilim

El séptimo capítulo describe la violencia de los Nefilim y sus maldades. Oprimieron y mataron a los seres humanos, lo que llevó a la humanidad a pedir ayuda divina:

"7.2 Y ellos [los Nefilim] devoraron todo lo que el trabajo de los hombres había producido, hasta que los hombres no pudieron alimentarlos".
(Enoch 7:2)

Capítulo 8: Conocimientos prohibidos

En el octavo capítulo, Enoch enumera los conocimientos prohibidos que los Vigilantes han revelado a la humanidad, incluidas las artes de la guerra, la magia y la seducción. Estos conocimientos han corrompido aún más a la raza humana y han conducido a la propagación del mal:

"8.1 Y Azazel enseñó a los hombres a hacer espadas, cuchillos, escudos, armaduras, la fabricación de espejos y el arte de trabajar los metales..."
(Enoch 8:1)

Capítulo 9: La oración de los Santos Ángeles

El noveno capítulo presenta la oración de los santos ángeles, que piden a Dios que intervenga y ponga fin a las injusticias cometidas en la Tierra. Imploran a Dios que juzgue a los Vigilantes y libere a la humanidad de su influencia maligna:

"9.9 Y ahora, Señor de los espíritus, la oración de tus santos y de la sangre de los justos ha llegado hasta ti: la sangre de los justos que fue derramada sobre la tierra". (Enoc 9:9)

Capítulo 10: El juicio de los observadores

En el décimo capítulo, Dios responde a la oración de los santos ángeles y anuncia el juicio sobre los Vigilantes. Serán castigados por corromper a la humanidad y por abandonar su lugar en el cielo:

"10.4 Y Semjaza y todos sus asociados que se hayan unido a las mujeres y se hayan contaminado con ellas serán sometidos a juicio. Vagarán por la tierra durante siete generaciones y serán consumidos por el castigo y la vergüenza." (Enoch 10:4)

Capítulo 11: La purificación de la Tierra

En el undécimo capítulo, Dios ordena a los ángeles que limpien la tierra de la corrupción causada por los Vigilantes y los Nefilim. Se enviará un diluvio para destruir a los malvados y purificar la tierra:

"11.2 Y la tierra quedará limpia de toda corrupción, de todo pecado y de todo castigo, y no enviaré más diluvio sobre la tierra, hasta la eternidad".

(Enoc 11:2)

Capítulo 12: La misión de Enoc

En el capítulo duodécimo, Enoc recibe el encargo de anunciar el juicio de Dios a los Vigilantes y de exhortarles al arrepentimiento. Enoc acepta la misión y se prepara para enfrentarse a los ángeles caídos:

"12.4 Y tan pronto como Enoc hubo oído estas palabras, se retiró a un lugar secreto, y comenzó a orar y a suplicar, y a pedir perdón por los ángeles caídos, y a interceder por ellos." (Enoc 12:4)

Capítulo 13: La súplica de los observadores

En el capítulo decimotercero, los Vigilantes se dan cuenta de su error y piden a Enoc que interceda por ellos ante Dios. Sin embargo, su súplica no es aceptada, ya que su pecado es demasiado grande:

"13.5 Y ellos [los Vigilantes] dijeron a Enoc: 'Tú eres un mediador entre nosotros y el Dios de los espíritus, porque has oído y entendido las palabras de los vivientes y has visto el lugar de los santos, y el SEÑOR te ha revelado las cosas secretas'". (Enoc 13:5)

Capítulo 14: El trono de Dios y la visión final

El capítulo decimocuarto describe la visión final de Enoc, en la que se le muestra el trono de Dios y la majestuosa presencia divina. Esta visión refuerza su convicción en la justicia de Dios y en la necesidad de purificar la tierra:

"14.18 Y vi el trono de Dios y su majestad, y todos los coros de ángeles que estaban alrededor de él, y vi al Señor de los espíritus, sentado en el trono de su gloria, y a todos los justos y elegidos que le alababan y le daban gloria.

" (Enoc 14:18)

Conclusión

En los primeros 14 capítulos del Libro de los Vigilantes, Enoc narra la historia de los ángeles caídos y sus interacciones con la humanidad, haciendo hincapié en la necesidad de justicia y purificación. Estos capítulos ofrecen una visión general de la corrupción de la humanidad, el juicio divino y la redención mediante el arrepentimiento y la purificación. Enoc actúa como mediador entre los ángeles caídos y Dios, tratando de llevar esperanza y salvación a un mundo corrupto.

A través de esta narración, el Libro de los Vigilantes transmite un mensaje de esperanza para la humanidad, haciendo hincapié en la importancia del arrepentimiento y la fe en la justicia divina. Se exhorta a los injustos a reflexionar sobre sus actos y a buscar la redención mediante la rectitud y la fe en Dios. Al mismo tiempo, el texto advierte contra los peligros del conocimiento prohibido y las tentaciones mundanas, que pueden conducir a la ruina y la destrucción.

En última instancia, el Libro de los Vigilantes nos ofrece una importante lección sobre la naturaleza humana y la necesidad de buscar la guía y protección divinas para superar las tentaciones y dificultades de la vida. Esta visión general de los 14 primeros capítulos nos invita a reflexionar sobre las decisiones que tomamos y las consecuencias de nuestros actos, animándonos a vivir una vida de rectitud y fe en Dios. A través de la narración de Enoc, también podemos comprender la importancia de la responsabilidad individual y colectiva en la promoción de la justicia y el bien común. La historia de los Vigilantes y los Nefilim nos muestra cómo la corrupción y la injusticia pueden extenderse rápidamente y afectar a comunidades enteras, haciendo que la cooperación y la solidaridad entre los individuos sean esenciales para contrarrestar estas fuerzas negativas.

Además, la figura de Enoc sirve de ejemplo para quienes buscan vivir una vida recta y recta, demostrando el poder de la integridad, la compasión y la humildad. Su dedicación a Dios y su voluntad de interceder por los Vigilantes y por la humanidad demuestran que es posible encontrar redención y esperanza incluso en las situaciones más desesperadas. Enoch nos enseña que, con fe y perseverancia, podemos superar las dificultades y trabajar por un futuro mejor.

El Libro de los Vigilantes también nos ofrece una perspectiva sobre la naturaleza de la justicia divina y su aplicación en el mundo. El juicio de Dios sobre los Vigilantes y la limpieza de la tierra mediante el diluvio subrayan la importancia del arrepentimiento y la reconciliación con lo divino. Esto nos recuerda que, a pesar de nuestras imperfecciones y pecados, siempre tenemos la oportunidad de redimirnos y encontrar la salvación mediante la fe y el arrepentimiento sincero.

Por último, el Libro de los Vigilantes nos recuerda que el conocimiento, si se utiliza mal, puede tener consecuencias devastadoras. Los Vigilantes han compartido con la humanidad conocimientos prohibidos que han causado corrupción y violencia, demostrando que la sabiduría y el entendimiento deben utilizarse con responsabilidad y discernimiento. Esto nos incita a reflexionar sobre las implicaciones éticas de nuestros descubrimientos y acciones, y a tratar siempre de utilizar el conocimiento para el bien común y la promoción de la justicia.

En resumen, el Libro de los Vigilantes nos ofrece una serie de valiosas enseñanzas sobre la rectitud, la fe, la responsabilidad y la redención. A través de la historia de Enoc, los Vigilantes y la humanidad, se nos invita a reflexionar sobre nuestro papel en el mundo y las decisiones que tomamos cada día.

De este modo, podemos aprender a vivir una vida más justa e íntegra, y trabajar juntos para crear un futuro mejor para todos

Capítulo 14: El trono de Dios y la visión final

Como ya se ha mencionado, el capítulo 14 del Libro de Enoc describe la visión final de Enoc, en la que se le muestra el trono de Dios y la majestuosa presencia divina. Esta visión refuerza su creencia en la justicia de Dios y en la necesidad de purificar la tierra. A continuación se exponen algunos versículos clave del capítulo 14:

"14.18 Y vi el trono de Dios y su majestad, y todos los coros de ángeles de pie a su alrededor, y vi al Señor de los espíritus, sentado en el trono de su gloria, y a todos los justos y elegidos alabándole y dándole gloria."

(Enoc 14:18)

En este versículo, Enoc describe su visión del trono de Dios y la presencia divina, rodeado de ángeles y justos que alaban y glorifican al Señor de los espíritus. La visión de Enoc enfatiza la importancia de la adoración y veneración a Dios, reconociendo Su supremacía y dominio sobre la creación.

"14.22 Y vi allí una casa grande y espaciosa, construida de cristal, y en medio de ella un trono elevado, hecho de cristal, y sobre él estaba sentado Uno, cuyo manto era brillante como el sol y blanco como la nieve." (Enoc 14:22)

Este versículo describe la casa de Dios, construida de cristal, y el elevado trono, también de cristal, en el que se sienta el Ser Supremo. La brillante túnica blanca como la nieve simboliza la pureza y santidad de Dios, mientras que el trono de cristal representa Su transparencia y rectitud.

capítulos 15 y 16: Los ángeles caídos y su destino

En el capítulos 15 y 16, Enoc recibe más revelaciones sobre el destino de los ángeles caídos y sus descendientes, los Nefilim. He aquí algunos versículos clave del capítulo 16:

"16.1 Y de lo alto, los espíritus santos, de la morada de los ángeles, vinieron a mí sus voces, y las columnas del cielo fueron sacudidas por su voz".

(Enoc 16:1)

En este versículo, Enoc describe cómo las voces de los ángeles caídos son o vienen a él desde arriba, demostrando su desesperación y su deseo de ser salvados de su destino. Sin embargo, el hecho de que las columnas del cielo sean sacudidas por sus voces sugiere que su pecado es tan grande que incluso el cielo está perturbado por él.

"16.2 Y se me dijo: 'Enoch, hijo del hombre, aquí se te ha revelado el secreto del juicio y el secreto de la misericordia, y aquí se te ha revelado la condenación de los ángeles rebeldes y de los hombres malvados'".

(Enoch 16 :2)

En este pasaje, se informa a Enoc de que se le ha revelado el secreto del juicio y la misericordia divinos, así como la condena de los ángeles rebeldes y los hombres malvados. Este versículo subraya la responsabilidad de Enoc de difundir el mensaje de Dios y dar a conocer el destino de los que se rebelaron contra el Creador.

"16.3 Y ellos [los ángeles caídos] serán atados por diez mil generaciones, y serán consignados a las llamas del infierno, y para siempre serán separados del reino de los cielos y de la comunión de los espíritus santos."

(Enoc 16:3)

Este versículo describe el destino de los ángeles caídos: serán atados durante diez mil generaciones y condenados a las llamas del infierno, separados para siempre del reino de los cielos y de la comunión de los espíritus santos. El largo periodo de castigo y la exclusión de la presencia de Dios muestran la gravedad del pecado de los ángeles rebeldes y la importancia del arrepentimiento y la fidelidad a Dios.

"16.4 Y sus hijos, los Nefilim, serán exterminados de la faz de la tierra, y no habrá memoria de ellos; y serán aniquilados junto con los ángeles caídos, y la vergüenza eterna caerá sobre ellos." (Enoc 16:4)

En este versículo también se revela el destino de los Nefilim, los hijos de los ángeles caídos: serán exterminados de la faz de la tierra y no habrá memoria de ellos. La vergüenza eterna también caerá sobre ellos, junto con sus padres ángeles caídos. Este pasaje pone de relieve las consecuencias de las malas acciones de los ángeles y los Nefilim, y el hecho de que la injusticia no quedará impune.

En conclusión, los capítulos 14 y 16 del Libro de Enoc ofrecen una visión general de las visiones de Enoc sobre el trono de Dios y el destino de los ángeles caídos y sus descendientes, los Nefilim. Estos capítulos destacan la importancia de la justicia divina y la necesidad de arrepentirse y permanecer fiel a Dios. También muestran las consecuencias de las malas acciones y la responsabilidad de quienes se rebelan contra el Creador. A través de la narración de Enoc, podemos aprender importantes lecciones sobre la naturaleza de la justicia, la misericordia y la redención. El Libro de Enoc nos anima a reflexionar sobre nuestro comportamiento y las decisiones que tomamos, y nos incita a buscar el arrepentimiento y la salvación mediante la fe en Dios. De este modo, podemos trabajar juntos para promover la justicia y el bien común, y construir un futuro mejor para todos.

Capítulo 17: Enoc visita la morada de los ángeles caídos

El capítulo 17 del Libro de Enoc relata el viaje de Enoc por diversas regiones y lugares celestiales, incluida la morada de los ángeles caídos. Este capítulo subraya la importancia de la intercesión y la compasión de Enoc hacia los ángeles rebeldes. He aquí algunos versículos clave del capítulo 17:

"17.1 Y luego me llevaron a un lugar donde moraban los que eran como llamas de fuego; y, cuando querían, se aparecían como hombres".

(Enoc 17:1)

En este versículo, Enoc describe su visita a la morada de los ángeles caídos, que aparecen como llamas de fuego y pueden adoptar formas humanas a voluntad. Esta descripción subraya la naturaleza poderosa y temible de los ángeles rebeldes, así como su relación con el fuego, símbolo de destrucción y purificación.

"17.2 También me llevaron a un lugar donde estaban los ángeles rebeldes, y los que cometieron injusticia con las mujeres, y fueron castigados y atados por diez mil generaciones." (Enoc 17:2)

Este versículo revela el lugar de castigo de los ángeles caídos, que cometieron injusticia con las mujeres y fueron castigados y atados durante diez mil generaciones. Este castigo refleja la severidad de su pecado y la justicia de Dios al castigar a los que se rebelan contra Su voluntad.

Capítulo 18: Los cuatro vientos y las columnas del cielo

En el capítulo 18, Enoc prosigue su viaje celestial y descubre los secretos de la creación, incluidos los cuatro vientos y las columnas del cielo. Estos elementos ponen de relieve la grandeza y la sabiduría de Dios en la creación del universo. A continuación se exponen algunos versículos clave del capítulo 18:

"18.1 Y luego me llevaron hacia el oeste, y vi allí una montaña grande y alta de piedra dura; y sobre ella cuatro vientos en lo alto, que sostenían los cielos." (Enoc 18:1)

En este versículo, Enoc describe su visión de una gran y elevada montaña de piedra dura situada en el oeste, sobre la que se alzan los cuatro vientos que sostienen los cielos. Esta imagen simboliza la estabilidad y el orden del universo, así como la fuerza y el poder de Dios en la creación.

"18.2 Y vi cómo los vientos extendían el firmamento del cielo, y tenían sobre ellos el cielo de los espíritus santos y el cielo de los ángeles elegidos, y cómo estaban unidos en el firmamento del abismo." (Enoc 18:2)

Este versículo revela cómo los vientos extienden el firmamento del cielo y cómo existe una separación entre el cielo de los espíritus santos, el cielo de los ángeles elegidos y el abismo. Esta descripción pone de relieve la estructura jerárquica y ordenada del universo, así como la importancia de la distinción entre el bien y el mal.

"18.3 Y por encima de estos vientos vi las columnas del cielo, que sostenían los cielos y el trono de Dios; eran de cristal y brillaban como el sol". (Enoc 18:3)

En este pasaje, Enoc describe las columnas del cielo, que sostienen los cielos y el trono de Dios. Estas columnas, hechas de cristal y brillantes como el sol, simbolizan la pureza, la fuerza y la gloria del reino celestial y la presencia divina.

A través de los capítulos 17 y 18 del Libro de Enoc, podemos aprender valiosas lecciones sobre la naturaleza del pecado, la redención y la creación divina. El viaje de Enoc por las moradas de los ángeles caídos y las regiones celestiales nos muestra la grandeza y la sabiduría de Dios, así como Su justicia al castigar a quienes se rebelan contra Su voluntad.

La visita de Enoc a la morada de los ángeles caídos y su descubrimiento de los secretos de la creación nos invitan a reflexionar sobre nuestra responsabilidad de promover la justicia y la rectitud y defender los valores divinos. La visión de Enoc de los pilares del cielo y de los cuatro vientos que sostienen el universo nos recuerda la importancia de la fe en Dios y de su presencia constante en nuestras vidas.

Además, el viaje de Enoc por los lugares celestiales nos anima a buscar el conocimiento y la comprensión de la creación y de nuestro papel en ella. El descubrimiento de los secretos del cielo y de la tierra nos impulsa a explorar el mundo con humildad y gratitud y a reconocer la presencia de Dios en todas las cosas.

En resumen, los capítulos 17 y 18 del Libro de Enoc ofrecen una visión general de las visiones de Enoc sobre la morada de los ángeles caídos, la estructura del universo y los secretos de la creación. Estos capítulos nos invitan a reflexionar sobre nuestra relación con Dios y nuestra responsabilidad de promover la justicia y el bien común. A través de la narración de Enoc, podemos aprender a vivir una vida más recta y justa, y a trabajar juntos para construir un futuro mejor para todos

Capítulo 19 del Libro de Enoc

se centra en el papel de los santos ángeles, que velan por la Tierra y sus habitantes, y en las consecuencias de los pecados de los ángeles caídos. Este capítulo destaca la importancia de la justicia divina y la protección de los santos ángeles, así como el destino de los ángeles rebeldes y sus descendientes. A continuación se exponen algunos versículos clave del capítulo 19:

"19.1 Y Uriel me dijo: 'He aquí, son los ángeles los que han cometido injusticia, los que han corrompido a la humanidad en la tierra, y han tenido hijos con las hijas de los hombres'". (Enoch 19:1)

En este versículo, el ángel Uriel revela a Enoc la identidad de los ángeles que cometieron injusticia y corrompieron a la humanidad al unirse con las hijas de los hombres y engendrar a los Nefilim. Esta revelación subraya la gravedad del pecado de los ángeles caídos y las consecuencias de su rebelión.

"19.2 Y se me dijo: 'Y estos espíritus, que nacen de los ángeles caídos, no subirán al cielo ni descenderán a la tierra, sino que permanecerán en la tierra y se convertirán en espíritus malignos y perturbadores'". (Enoch 19:2)

Este versículo describe el destino de los espíritus nacidos de ángeles caídos, que no pueden ascender al cielo ni descender a la tierra, sino que permanecerán en ella como espíritus malignos y molestos. Esta condena refleja la naturaleza corrupta de estos seres y la importancia del arrepentimiento y la redención.

"19.3 Y los santos ángeles que observan los cielos y la tierra, y todos sus movimientos, y todos los acontecimientos que tienen lugar en ellos, los verán y los condenarán, porque fueron engendrados por los que corrompieron la tierra." (Enoc 19:3)

En este pasaje, se describe el papel de los santos ángeles que observan el cielo y la tierra, vigilando todos los acontecimientos que ocurren en la creación. Los santos ángeles verán a los espíritus malignos y los condenarán, ya que fueron generados por los ángeles caídos que corrompieron la tierra. Este versículo destaca la importancia de la justicia divina y el papel protector de los santos ángeles.

El capítulo 19 del Libro de Enoc nos ofrece una visión general del papel de los santos ángeles en la protección de la humanidad y la garantía de la justicia divina. Las revelaciones de Uriel a Enoc sobre los ángeles caídos y sus descendientes ponen de relieve la gravedad del pecado y las consecuencias de la rebelión contra Dios. A través de este capítulo, podemos comprender la importancia de la fe en Dios y su protección, así como la necesidad del arrepentimiento y la redención.

Además, el papel de los santos ángeles como guardianes de la tierra y condenadores de los espíritus malignos nos recuerda la presencia constante de Dios en nuestras vidas y su preocupación por nuestro bienestar. La justicia divina y la protección de los santos ángeles son esenciales para mantener el orden y la armonía en el universo y garantizar que el mal no prevalezca.

La narración de Enoc en el capítulo 19 también nos invita a reflexionar sobre nuestro papel en la promoción de la justicia y el bien común y sobre las responsabilidades que tenemos para con los demás y el mundo que nos rodea. La conciencia de las acciones de los ángeles caídos y sus descendientes debería incitarnos a evitar seguir el camino del pecado y la rebelión y a buscar, en cambio, la rectitud y la fidelidad a Dios.

Por último, el capítulo 19 del Libro de Enoc nos ofrece una importante lección sobre la naturaleza del mal y la necesidad de combatirlo mediante la fe en Dios y la acción virtuosa. Los santos ángeles, que velan por nosotros y nos protegen, son un símbolo de la presencia de Dios en nuestras vidas y un recordatorio de su amor y misericordia.

En resumen, el capítulo 19 del Libro de Enoc nos ofrece una visión general del papel de los santos ángeles en la protección de la humanidad y la garantía de la justicia divina. A través de la narración de Enoc, podemos aprender a reconocer la presencia de Dios en nuestras vidas y a confiar en su protección y guía. Al mismo tiempo, podemos reflexionar sobre nuestro papel en la promoción de la justicia y el bien común, y sobre las responsabilidades que tenemos hacia los demás y el mundo que nos rodea.

Capítulo 20: Los siete arcángeles

En el capítulo 20 del Libro de los Videntes, Enoc describe a los siete arcángeles, sus nombres y sus responsabilidades en el universo. Estos arcángeles son los principales servidores de Dios y desempeñan un papel crucial en el mantenimiento del orden y la armonía en el universo.

He aquí algunos versículos clave del capítulo 20:

"20.1 Y estos son los nombres de los santos ángeles que velan: Uriel, uno de los santos ángeles que preside el mundo y el Tártaro; Rafael, uno de los santos ángeles que preside las almas de los hombres; Raguel, uno de los santos ángeles que castiga el mundo y las estrellas; Miguel, uno de los santos ángeles que preside el bien sobre los pueblos y las naciones; Saraqael, uno de los santos ángeles que preside sobre los espíritus de los hombres que pecan; Gabriel, uno de los santos ángeles que preside sobre el Cielo y las serpientes y los Querubines; Remiel, uno de los santos ángeles que Dios ha establecido sobre la resurrección de los muertos y sobre la vida eterna." (Enoch 20:1-7)

En este pasaje, Enoc enumera los nombres de los siete arcángeles y sus responsabilidades específicas, que van desde supervisar el mundo y las almas de los hombres hasta castigar a las estrellas y presidir la resurrección de los muertos y la vida eterna. Esta descripción subraya el papel fundamental de los arcángeles en el cumplimiento de la voluntad de Dios y el mantenimiento del orden y la armonía en el universo.

Capítulo 21: La visión del lugar de castigo y del abismo

En el capítulo 21, Enoc describe su visión del lugar de castigo y el abismo, donde los ángeles caídos y sus descendientes están destinados a sufrir por toda la eternidad. Esta visión subraya la importancia de la justicia divina y las consecuencias del pecado y la rebelión contra Dios. A continuación figuran algunos versículos clave del capítulo 21:

"21.1 Y luego me dirigí hacia allí y vi otro lugar, y la montaña y el valle estaban llenos de llamas llameantes, y vi también un abismo profundo como una columna de fuego". (Enoc 21:1)

En este versículo, Enoc describe su visión del lugar de castigo, caracterizado por montañas y valles llenos de llamas ardientes y un profundo abismo semejante a una columna de fuego. Esta imagen simboliza el sufrimiento y la destrucción que esperan a los ángeles caídos y a sus descendientes como castigo por sus pecados y rebelión.

"21.2 Y más allá del abismo, vi un lugar que no tenía ni el firmamento del cielo encima de él, ni la tierra básica debajo de él, ni agua alguna sobre él, ni ave alguna, sino que estaba desolado y terrible. 21.3 Y allí vi siete estrellas del cielo unidas, como grandes montañas y ardiendo como fuego."

(Enoc 21:2-3)

Este pasaje describe además el lugar del castigo, donde siete estrellas del cielo están atadas y arden como el fuego. Esta imagen podría representar a los ángeles caídos, que fueron castigados por su rebelión y obligados a sufrir en este lugar desolado y terrible.

Capítulo 22: El lugar de recogida de las almas

En el capítulo 22, Enoc habla del lugar donde se reúnen las almas de los muertos, donde las almas son separadas y juzgadas según sus acciones en vida. Este lugar subraya la importancia de la justicia divina y el juicio final que espera a cada persona después de la muerte. He aquí algunos versículos clave del capítulo 22:

"22.1 De allí me dirigí a otro lugar, y me mostró al oeste una montaña grande y alta de piedra dura; y había allí cuatro hendiduras profundas y anchas". (Enoc 22:1)

En este versículo, Enoc describe una montaña grande y alta de piedra dura, en la que hay cuatro hendiduras profundas y anchas. Estas cavidades podrían representar los lugares donde las almas de los muertos son reunidas y juzgadas según sus acciones en vida.

"22.10 Ahora bien, este es el lugar de reunión de las almas, y este es el lugar donde se dividen, en medio del mundo". (Enoch 22:10)

Aquí, Enoch confirma que la montaña y los recovecos son el lugar donde las almas se reúnen y el lugar donde las almas son separadas y juzgadas. Esta descripción subraya la importancia del juicio divino y las consecuencias de los actos de las personas en la vida.

Capítulo 23: La visión del fuego ardiente

En el capítulo 23, Enoc describe una visión de fuego ardiente, que podría representar el castigo divino y la ira de Dios contra los pecadores.

He aquí algunos versículos clave del capítulo 23:

"23.1 De allí me dirigí a otro lugar hacia el oeste, a los confines de la tierra. 23.2 Y vi un fuego ardiente que ardía sin cesar, ni de día ni de noche, sino que (era) siempre el mismo." (Enoc 23:1-2)

En este pasaje, Enoc describe un fuego abrasador que arde sin cesar, simbolizando el castigo divino y la ira de Dios. Esta visión puede servir de advertencia a los lectores sobre la importancia de llevar una vida recta y evitar el pecado y la rebelión contra Dios.

En resumen, en los capítulos 20-23 del Libro de los Videntes, Enoc nos da una visión general del papel de los ángeles celestiales que vigilan, el juicio divino y las consecuencias de las acciones humanas. Los siete arcángeles son descritos como figuras poderosas que desempeñan un papel clave en el cumplimiento de la voluntad de Dios y en el mantenimiento del orden y la armonía en el universo. La visión del lugar del castigo y el abismo subraya la importancia de la justicia divina y las consecuencias del pecado y la rebelión contra Dios. El lugar de la reunión de las almas subraya el proceso del juicio final que espera a cada persona después de la muerte y la importancia de las acciones realizadas en vida. Por último, la visión del fuego ardiente sirve de advertencia a los lectores sobre la importancia de vivir una vida recta y evitar el pecado y la rebelión contra Dios.

A través de estos capítulos, el Libro de los Videntes nos ofrece una importante reflexión sobre la naturaleza de la justicia divina, el papel de los ángeles y la importancia de las decisiones morales que tomamos a lo largo de nuestra vida. Estos temas siguen siendo de actualidad, pues nos recuerdan que nuestros actos tienen consecuencias y que la justicia divina siempre prevalece con el paso del tiempo.

Además, la narración de Enoc nos anima a buscar la guía y la protección de los ángeles celestiales y a vivir con rectitud y rectitud. Este mensaje de esperanza y redención es fundamental en la espiritualidad y religiosidad de muchas personas en todo el mundo, y el Libro de los Videntes sigue siendo una valiosa fuente de inspiración y sabiduría para quienes buscan comprender el misterio de la vida, la muerte y el más allá.

En general, los capítulos 20-23 del Libro de los Videntes ofrecen una visión en profundidad del papel de los ángeles celestiales que vigilan, las consecuencias de las acciones humanas y la justicia divina. A través de la narración de Enoc, los lectores pueden reflexionar sobre la importancia de vivir una vida recta y buscar la guía y la protección de los ángeles y de Dios. Estos temas universales siguen resonando en personas de todos los credos y tradiciones, lo que convierte al Libro de los Videntes en una valiosa fuente de inspiración y sabiduría espiritual.

Capítulos 24- 36: Los árboles olorosos y la fragancia del Edén

En el capítulo 24, Enoc describe su viaje a través de un lugar hermoso y fragante, que podría ser el Jardín del Edén o un lugar parecido. Enoc está impresionado por la belleza y la fragancia de los árboles que crecen en este jardín.

"24.1 De allí partí y vi otro lugar con corrientes de agua y plantas; y había un río que fluía, y sobre él otro arroyo. 24.2 Y la fragancia de estas aguas era como la fragancia del musgo y del nardo, como el aceite de la mirra, y como el aceite del incienso que fluye hacia abajo." (Enoc 24:1-2)

En estos versículos, Enoc describe el maravilloso y fragante lugar en el que se encuentra, con corrientes de agua, plantas y un río que fluye. El agua misma exuda una fragancia deliciosa y recuerda al aceite de mirra y al aceite de incienso.

Capítulo 25: El árbol de la sabiduría y el conocimiento

El capítulo 25 del Libro de Enoc se centra en el árbol de la sabiduría y el conocimiento, que se encuentra en el Jardín del Edén. Enoc subraya la importancia de la sabiduría y el conocimiento, que son dones preciosos concedidos por Dios.

"25.1 Y luego me llevó al Edén, al jardín de la justicia, y me mostró un árbol grande y hermoso, el árbol de la sabiduría, del cual comió Adán, y de cuya sabiduría se hizo sabio." (Enoch 25:1)

En este versículo, Enoc describe el árbol de la sabiduría como un árbol grande y hermoso en el Jardín del Edén. Es el árbol del que comió Adán para obtener sabiduría, lo que subraya el valor del conocimiento y la comprensión en el plan de Dios para la humanidad.

Capítulo 26: El agua pura y la morada de los justos

En el capítulo 26, Enoc describe la morada de los justos y el agua pura que fluye en ella. Esta descripción pone de relieve el contraste entre el lugar de castigo descrito en los capítulos anteriores y la morada de los justos, donde reinan la pureza y la dicha.

"26.1 Desde allí proseguí y vi otro lugar secreto y maravilloso; era como un río de fuego, y donde fluía era como metal; y también vi un lugar donde no habitaba criatura alguna". (Enoc 26:1)

En este versículo, Enoch describe un lugar secreto y maravilloso con un río de fuego que fluye como el metal. Este lugar contrasta con la morada de los justos y sirve para subrayar la diferencia entre los lugares de castigo y los de bienaventuranza.

Capítulo 27: El lugar de castigo de los ángeles rebeldes

En el capítulo 27, Enoc habla del lugar de castigo reservado para los ángeles rebeldes que se han rebelado contra Dios. Este lugar de tormento se describe como un lugar desolado y desierto donde los ángeles rebeldes son castigados por su desobediencia.

"27.1 De allí partí y vi un lugar terrible, un lugar de castigo; y allí vi a los ángeles malvados que habían pecado y fueron castigados". (Enoc 27:1)

En este versículo, Enoc describe el terrible lugar donde los ángeles malvados son castigados por su pecado y rebelión. Esta descripción subraya la importancia de la justicia divina y las consecuencias de la desobediencia a Dios.

Capítulos 28-33: La visión de los cuatro vientos y las cuatro direcciones

En los capítulos 28 a 33, Enoc describe su visión de los cuatro vientos y las cuatro direcciones. Esta visión le revela los secretos del mundo físico y le muestra cómo las fuerzas de la naturaleza son gobernadas y controladas por Dios. He aquí algunos versículos clave de estos capítulos:

"28.1 De allí partí y vi los cuatro vientos que transportan la tierra y el firmamento del cielo. 28.2 Y vi cómo los vientos ensanchan las alturas, y cómo establecen el firmamento. 28.3 Y vi cómo baten las nubes y las dispersan; y vi sus caminos y sus moradas." (Enoc 28:1-3)

En estos versículos, Enoc describe su visión de los cuatro vientos que gobiernan la tierra y el firmamento del cielo. Observa cómo los vientos influyen en la formación de las nubes y en la estabilidad del firmamento, demostrando el control de Dios sobre el mundo físico

Capítulo 29: La morada de los vientos del Este

En el capítulo 29, Enoc describe su visión de la morada de los vientos del este y su papel en el control de las lluvias y las tormentas. He aquí algunos versículos clave de este capítulo:

"29.1 Desde allí me dirigí a los cuatro vientos del este, y vi la morada de los vientos del este, y la manera en que eran gobernados para subir y bajar la serenidad y el rocío, y para hacer caer la lluvia. 29.2 Y vi las moradas de los vientos, de donde salían y se mezclaban con el polvo de la tierra." (Enoc 29:1-2)

En estos versículos, Enoc describe su visión de la morada de los vientos del este y su papel en el gobierno del clima, como la lluvia y el rocío. Esta visión le muestra la complejidad del sistema meteorológico y el control de Dios sobre él.

Capítulo 30: La morada de los vientos del sur

En el capítulo 30, Enoc describe su visión de la morada de los vientos del sur y su papel en traer calor y luz a la tierra. He aquí algunos versículos clave de este capítulo:

"30.1 Desde allí me dirigí a los cuatro vientos del sur, y vi la morada de los vientos del sur, y la forma en que se regían para soplar calor y luz sobre la tierra y sus habitantes." (Enoch 30:1)

En este versículo, Enoc describe su visión de la morada de los vientos del sur y su papel a la hora de traer calor y luz a la tierra. Esta visión le muestra la importancia del sol y el calor para la vida en la tierra y el control de Dios sobre estos elementos.

Capítulo 31: La morada de los vientos del norte

En el capítulo 31, Enoc describe su visión de la morada de los vientos del norte y su papel en traer frío y escarcha a la tierra. He aquí algunos versículos clave de este capítulo:

"31.1 Desde allí me dirigí a los cuatro vientos del norte, y vi la morada de los vientos del norte, y la forma en que eran gobernados para soplar frío y escarcha sobre la tierra y sus habitantes." (Enoch 31:1)

En este versículo, Enoc describe su visión de la morada de los vientos del norte y su papel a la hora de traer el frío y las heladas a la tierra. Esta visión le muestra el poder del clima sobre la vida y el medio ambiente de la tierra y el control de Dios sobre estos fenómenos.

Capítulo 32: La morada de los vientos del Oeste

En el capítulo 32, Enoc describe su visión de la morada de los vientos del oeste y su papel en el gobierno de fenómenos atmosféricos como las nubes y la niebla. He aquí algunos versículos clave de este capítulo:

"32.1 Desde allí me dirigí a los cuatro vientos del oeste, y vi la morada de los vientos del oeste, y cómo eran gobernados para formar nubes, nieblas y oscuridad sobre la tierra. 32.2 Y vi sus moradas y la forma en que controlaban estos fenómenos meteorológicos, y cómo se mezclaban con los otros vientos para crear un equilibrio en el clima." (Enoc 32:1-2)

En estos versículos, Enoc describe su visión de la morada de los vientos del oeste y su papel en el gobierno de fenómenos atmosféricos como las nubes, la niebla y la oscuridad. Esta visión le muestra el delicado equilibrio del clima terrestre y el control de Dios sobre estos fenómenos.

Capítulo 33: La visión cuádruple

En el capítulo 33, Enoc describe su visión de las cuatro direcciones y su papel en el mantenimiento del equilibrio y el orden en el mundo. He aquí algunos versículos clave de este capítulo:

"33.1 Desde allí me dirigí y vi las cuatro direcciones del mundo: norte, sur, este y oeste. 33.2 Y vi cómo estas direcciones estaban gobernadas por ángeles, que controlaban las fuerzas de la naturaleza y mantenían el equilibrio y el orden en la tierra." (Enoc 33:1-2)

En estos versículos, Enoc describe su visión de las cuatro direcciones del mundo y el papel de los ángeles en el gobierno y control de las fuerzas de la naturaleza. Esta visión le muestra la importancia del equilibrio y el orden en el mundo y el papel de los ángeles como agentes de Dios en el mantenimiento de ese equilibrio.

En conclusión, los capítulos 29-33 del Libro de Enoc ofrecen una visión general de la visión de Enoc de las cuatro direcciones y los vientos que gobiernan el mundo. Estas visiones le muestran el poder de Dios para controlar y gobernar las fuerzas de la naturaleza y la importancia del equilibrio y el orden en el mundo. A través de estas narraciones, los lectores pueden comprender mejor la complejidad del sistema meteorológico y el clima de la Tierra, así como el papel de los ángeles en el mantenimiento de la armonía y el equilibrio en la creación.

Capítulo 34: La visión del Monte de los Ángeles y del centro de la Tierra

En el capítulo 34, Enoc describe su visión del Monte de los Ángeles y del Centro de la Tierra, lugares de gran importancia espiritual y cósmica. He aquí algunos versículos clave de este capítulo:

"34.1 Desde allí me dirigí y vi el Monte de los Ángeles, un lugar sagrado donde los ángeles moran y adoran a Dios. 34.2 También vi el Centro de la Tierra, donde están los cimientos de la creación y donde se originan todas las fuerzas de la naturaleza." (Enoc 34:1-2)

En estos versículos, Enoc describe su visión del Monte de los Ángeles, lugar de culto y comunión con Dios, y del Centro de la Tierra, punto de partida de todas las fuerzas de la naturaleza. Esta visión le muestra la importancia de estos lugares sagrados y la conexión entre el mundo espiritual y el mundo físico.

Capítulo 35: La visión del Gran Abismo y las Columnas de Fuego Celeste

En el capítulo 35, Enoc describe su visión del Gran Abismo y las Columnas de Fuego Celestial, símbolos del juicio y el poder divinos. He aquí algunos versículos clave de este capítulo:

"35.1 De allí partí y miré hacia el occidente, y vi una montaña grande y alta, de dura roca; y por los cuatro lados había arroyos que descendían al abismo. 35.2 Y vi también un gran abismo, con columnas de fuego celestial; y vi entre ellas un fuego que ardía de día y de noche." (Enoc 35:1-2)

En estos versículos, Enoc describe su visión de una poderosa montaña en el oeste y un gran abismo con columnas de fuego celestial. Esta visión le muestra el poder de Dios y su capacidad para controlar las fuerzas de la naturaleza y ejercer juicio sobre sus criaturas.

Capítulo 36: La visión de los ángeles y la morada de los justos

En el capítulo 36, Enoc describe su visión de los ángeles y la morada de los justos, donde vivirán en la eternidad aquellos que hayan vivido una vida recta. He aquí algunos versículos clave de este capítulo:

"36.1 Desde allí me dirigí y vi otro lugar, una morada de rectitud y justicia, donde los ángeles velan por los que han vivido una vida recta en la tierra. 36.2 Y vi sus moradas, llenas de luz y de paz, donde los justos descansan y gozan de la presencia de Dios por toda la eternidad."

(Enoc 36:1-2)

En estos versículos, Enoc describe su visión de la morada de los justos, un lugar de paz y comunión con Dios. Esta visión le muestra la recompensa eterna que espera a los que han vivido una vida recta y la protección de los ángeles sobre ellos.

En conclusión, los capítulos 34-36 del Libro de Enoc ofrecen una visión general de las visiones de Enoc de lugares sagrados y simbólicos, como el Monte de los Ángeles, el Centro de la Tierra, el Gran Abismo y la morada de los justos. Estas visiones muestran la importancia de estos lugares en la cosmología y la espiritualidad de la época y ponen de relieve el poder de Dios para controlar las fuerzas de la naturaleza, juzgar a sus criaturas y recompensar a quienes viven rectamente. A través de estas narraciones, los lectores pueden comprender mejor la complejidad de la relación entre los mundos espiritual y físico, así como el papel de los ángeles en la protección y guía de los seres humanos. Además, estas visiones ofrecen una importante reflexión sobre la naturaleza de la justicia divina y la esperanza de vida eterna en comunión con Dios para quienes siguen el camino de la rectitud. Las visiones de Enoc siguen ofreciendo una visión fascinante y profunda de un antiguo sistema de creencias y comprensión del más allá. El Libro de Enoc, a pesar de ser un texto antiguo y apócrifo, sigue estimulando la curiosidad y el interés de los lectores modernos con su convincente narrativa y sus temas universales de rectitud, esperanza y fe.

Enoc El libro de las parábolas (capítulos 37-71)

Capítulos 37-57

El Libro de las Parábolas de Enoc, también conocido como Segundo Libro de Enoc, comprende los capítulos 37 a 71 y presenta una serie de parábolas y enseñanzas simbólicas reveladas a Enoc por Dios. Estas parábolas se centran en el juicio final, la venida del Mesías y el destino de la humanidad.

Capítulo 37: Primera parábola - La venida del Mesías

En el capítulo 37, Enoc describe su visión de la venida del Mesías, el Hijo del Hombre, que ejercerá el juicio sobre la tierra.

"37.1 Y ahora, hijos míos, escuchad la parábola de vuestro padre y oíd la voz de mis labios, porque os contaré lo que sucederá en los días de la ira. 37.2 Os hablaré de la venida del Hijo del Hombre, el que nació del Altísimo y que ejercerá el juicio sobre la tierra." (Enoc 37:1-2)

En este capítulo, Enoc invita a sus hijos a escuchar atentamente su parábola, ya que revela información crucial sobre los días de la ira y la venida del Hijo del Hombre.

Capítulo 38: Segunda parábola - El juicio de justos e impíos

En el capítulo 38, Enoc presenta su segunda parábola, que se refiere al juicio divino de los justos y los malvados. En este capítulo, Enoc revela que los justos serán recompensados y los malvados castigados.

"38.1 Y ahora, hijos míos, oíd la segunda parábola: Llegará un tiempo en que los justos serán recompensados por sus obras, mientras que los impíos serán castigados por sus iniquidades. 38.2 He aquí que vendrá un tiempo en que el Señor juzgará a la tierra y a los hombres según sus obras." (Enoc 38:1-2)

Este capítulo destaca la importancia de la justicia divina y el papel del juicio en la determinación del destino de la humanidad.

Capítulo 39: Tercera parábola - La morada de los justos y la sabiduría de los ángeles

En el capítulo 39, Enoc describe su visión de la morada de los justos y la sabiduría de los ángeles. En este capítulo, Enoc revela que los justos compartirán la sabiduría de los ángeles en la vida eterna.

"39.1 Y ahora, hijos míos, oíd la tercera parábola: Habrá un lugar de luz y de paz, donde los justos morarán para siempre. 39.2 En este lugar, los justos compartirán la sabiduría de los ángeles y vivirán en comunión con Dios por toda la eternidad." (Enoc 39:1-2)

En esta parábola, Enoc subraya la promesa de una vida eterna de luz y paz para los justos, así como el don de la sabiduría de los ángeles.

Capítulo 40

Capítulo 40: Cuarta parábola - Los ángeles y sus tareas

En el capítulo 40, Enoc describe las tareas de los ángeles, que vigilan las acciones de los seres humanos e interceden por ellos ante Dios.

"40.1 Y ahora, hijos míos, escuchad la cuarta parábola: Los ángeles son enviados por el Señor para vigilar las obras de los hombres e interceder por ellos ante el Altísimo. 40.2 Observan nuestros pensamientos, palabras y obras, y todo lo comunican al Señor, que juzga a la tierra y a sus habitantes." (Enoch 40:1-2)

Este capítulo destaca el papel de los ángeles en la vigilancia y guía de los seres humanos y en la presentación de sus oraciones y acciones a Dios.

Capítulo 41: Quinta parábola - El sistema cósmico y los signos de los tiempos

En el capítulo 41, Enoc describe el sistema cósmico, formado por el sol, la luna, las estrellas y los planetas, y los signos de los tiempos que de ellos se derivan.

"41.1 Y ahora, hijos míos, escuchad la quinta parábola: El Señor creó el sistema cósmico, formado por el sol, la luna, las estrellas y los planetas, que rigen los tiempos y las estaciones. 41.2 Estos cuerpos celestes son signos de los tiempos y dan testimonio del poder y la sabiduría del Creador." (Enoch 41:1-2)

En esta parábola, Enoc destaca la grandeza de la creación divina y la importancia de los signos celestes para comprender el plan de Dios para la humanidad.

Capítulo 42: Sexta parábola - Sabiduría e iniquidad

En el capítulo 42, Enoc habla de la sabiduría y la iniquidad, mostrando cómo la sabiduría está oculta a los impíos, mientras que es accesible a los justos.

"42.1 Y ahora, hijos míos, escuchad la sexta parábola: La sabiduría está oculta a los impíos, que se niegan a buscarla y a practicar los mandamientos de Dios. 42.2 Sin embargo, la sabiduría es accesible a los justos, que la buscan con corazón sincero y se esfuerzan por vivir según la voluntad del Señor." (Enoc 42:1-2)

Este capítulo subraya la importancia de buscar la sabiduría y obedecer los mandamientos de Dios para llevar una vida recta y acceder al conocimiento divino.

Capítulo 43-44: Séptima parábola - El fuego del infierno y el destino de los malvados

En los capítulos 43 y 44, Enoc describe el fuego del infierno y el destino de los malvados, que serán castigados por sus iniquidades y separados de los justos.

"43.1 Y ahora, hijos míos, oíd la séptima parábola: El fuego del infierno está preparado para los malvados, los que se niegan a arrepentirse y a apartarse de sus malos caminos. 43.2 En este lugar de tormento, los malvados serán castigados por sus iniquidades y separados de los justos, que gozarán de luz y paz en la presencia de Dios." (Enoc 43:1-2)

"44.1 Serán arrojados al fuego abrasador, donde sufrirán tormentos eternos y serán privados de la misericordia divina. 44.2 Esta es la suerte de los impíos, que han elegido abandonar el camino de la justicia y seguir el de la iniquidad." (Enoc 44:1-2)

Estos capítulos destacan la severidad de las consecuencias para aquellos que eligen vivir una vida impía y se niegan a arrepentirse y seguir los mandamientos de Dios.

Capítulo 45-46: Octava parábola - El reino del Mesías y la resurrección de los justos

En los capítulos 45 y 46, Enoc presenta la octava parábola, que se refiere al reinado del Mesías y a la resurrección de los justos. En esta parábola, Enoc describe la esperanza de una nueva era de paz y justicia bajo el reinado del Hijo del Hombre.

"45.1 Y ahora, hijos míos, oíd la octava parábola: Llegará un tiempo en que el Hijo del hombre establecerá su reino en la tierra y gobernará con justicia y rectitud. 45.2 En aquel día, los justos resucitarán de entre los muertos y participarán de la gloria del reino del Mesías, gozando de una vida eterna de luz y paz." (Enoc 45:1-2)

"46.1 El Hijo del hombre se sentará en el trono de su gloria y juzgará a vivos y muertos, recompensando a los justos y castigando a los impíos. 46.2 Reinará con amor y justicia, y traerá paz y prosperidad a todos los que le sigan y le sirvan fielmente." (Enoc 46:1-2)

Estos capítulos ofrecen una visión de esperanza y aliento para aquellos que buscan vivir una vida recta, prometiendo la resurrección y la vida eterna en el reino del Mesías.

Capítulos 47-57: Novena parábola y visiones posteriores - Los ángeles caídos, el Juicio Final y la nueva creación

Capítulo 47: El juicio de los ángeles caídos

En el capítulo 47, Enoc describe el juicio de los ángeles caídos, que serán castigados por corromper a la humanidad y violar el orden divino.

"47.1 Y en esos días, la oración de los justos y la sangre de la tierra ascenderán al cielo para ser un testimonio contra los ángeles caídos. 47.2 Y ellos serán juzgados y castigados por corromper a la humanidad, y su destino estará ligado al de los malvados que han prevaricado." (Enoc 47:1-2)

Este capítulo destaca la justicia divina al castigar a los ángeles caídos por sus fechorías y restaurar el orden en la creación.

Capítulo 48: El Hijo del Hombre y la redención de la humanidad

En el capítulo 48, Enoc habla del Hijo del Hombre, que será enviado por Dios para redimir a la humanidad y establecer un nuevo orden de paz y justicia en la Tierra.

"48.1 El Hijo del hombre ha estado oculto desde el principio, y el Señor lo ha preservado para la obra de redención que llevará a cabo. 48.2 Él será la luz de las naciones y el juez de justos e impíos, estableciendo un nuevo orden de paz y justicia en la tierra." (Enoc 48:1-2)

Este capítulo muestra la centralidad del Hijo del Hombre en el plan de Dios para la salvación de la humanidad y su papel como juez y redentor.

Capítulo 49: La fuente de la vida y la redención de los justos

En el capítulo 49, Enoc describe la fuente de la vida, que será accesible a los justos tras la venida del Hijo del Hombre y el juicio final.

"49.1 La fuente de la vida está escondida con el Señor y será revelada a los justos después del juicio. 49.2 Beberán de ella y vivirán para siempre, libres de la muerte y del pecado, en la presencia de Dios". (Enoc 49:1-2)

Este capítulo ofrece una visión de esperanza y consuelo a los justos, prometiéndoles la vida eterna y la comunión con Dios en la nueva era de la redención.

Capítulo 50: La resurrección de los muertos y el juicio final

En el capítulo 50, Enoc habla de la resurrección de los muertos y del juicio final, en el que justos e impíos serán separados y recibirán su justa recompensa o castigo.

"50.1 En los días del juicio, los muertos resucitarán y serán juzgados según sus obras. 50.2 Los justos entrarán en la vida eterna, mientras que los impíos serán condenados al fuego eterno, donde sufrirán tormento y separación de Dios." (Enoc 50:1-2)

Este capítulo subraya la importancia de la resurrección y el juicio final como momentos cruciales en la historia humana y en el plan de Dios para la redención de la creación.

Capítulo 51: La esperanza de los justos y el castigo de los impíos

En el capítulo 51, Enoc exhorta a los justos a permanecer fieles a Dios y a esperar en Su promesa de salvación, al tiempo que advierte a los malvados de las terribles consecuencias de sus acciones.

"51.1 Vosotros, los justos, tened fe y esperanza en el Señor, porque Él os recompensará por vuestra fidelidad y por vuestro amor a Él. 51.2 Pero vosotros, los impíos, temed el día del juicio, cuando seréis castigados por vuestras iniquidades y separados de la presencia de Dios." (Enoc 51:1-2)

Este capítulo ofrece consuelo y aliento a los justos, al tiempo que advierte a los malvados de la necesidad de arrepentirse y cambiar sus malos caminos.

Capítulo 52: Los ángeles del juicio y la caída de los impíos

En el capítulo 52, Enoc describe a los ángeles del juicio, que llevarán a cabo la voluntad de Dios castigando a los malvados y restaurando el orden en la creación.

"52.1 Los ángeles del juicio están listos para cumplir el mandato del Señor y poner en práctica su plan de justicia. 52.2 Derribarán los tronos de los malvados y los arrojarán al fuego ardiente, donde sufrirán tormentos eternos y serán privados de la misericordia divina." (Enoc 52:1-2)

Este capítulo destaca el papel crucial de los ángeles de juicio en el plan de

Dios para la redención de la humanidad y el castigo de los malvados.

Capítulo 53-57: La nueva creación y la era de paz y justicia

En los capítulos 53 a 57, Enoc habla de la nueva creación y de la era de paz y justicia que seguirá al Juicio Final y a la redención de los justos.

"53.1 Después del juicio, el Señor creará un cielo nuevo y una tierra nueva, donde reinarán la paz y la justicia. 53.2 En esa nueva creación, los ángeles y los hombres vivirán en armonía y comunión con Dios, y se hará su voluntad en el cielo como en la tierra." (Enoc 53:1-2)

"57.1 Aquel día el Hijo del hombre será glorificado y reinará con justicia y rectitud sobre la tierra nueva. 57.2 Será la luz de las naciones y el juez de vivos y muertos, recompensando a los justos y castigando a los impíos según sus obras." (Enoc 57:1-2)

Estos capítulos ofrecen una visión de esperanza y consuelo para quienes buscan vivir una vida recta, prometiendo una era de paz, justicia y

Las parábolas y visiones de Enoc siguen cautivando la imaginación de los lectores y ofrecen una perspectiva única sobre la espiritualidad y la historia de la humanidad. Aunque algunas partes del libro puedan parecer misteriosas o difíciles de comprender, el mensaje central de justicia, redención y esperanza sigue resonando en cualquiera que busque profundizar en su comprensión de lo divino y del destino de la humanidad.

El Libro de las Parábolas de Enoc invita a los lectores a reflexionar sobre la naturaleza de la justicia divina, el papel de los ángeles y los seres humanos en el plan de Dios, y la promesa de una nueva era de paz y armonía para quienes sean fieles a Dios. A través de las palabras de Enoc, podemos acceder a una fuente de inspiración y esperanza para nuestro camino espiritual y para el futuro de la humanidad.

En los capítulos 47 a 57, Enoc presenta la novena parábola y otras visiones relativas a los ángeles caídos, el juicio final y la nueva creación. En estas parábolas y visiones, Enoc profundiza en el tema de la justicia divina, el papel de los ángeles y los seres humanos en el plan de Dios y la promesa de una nueva era de paz y armonía para los que son fieles a Dios.

En conclusión, el Libro de las Parábolas de Enoc ofrece a los lectores una profunda reflexión sobre la naturaleza de la justicia divina, la venida del Mesías y el destino final de la humanidad. A través de sus parábolas y visiones, Enoc subraya la importancia de llevar una vida recta, buscar la sabiduría y seguir los mandamientos de Dios. Además, ofrece esperanza y aliento a los justos, prometiéndoles una vida eterna de luz, paz y comunión con Dios en el reino del Mesías.

Las parábolas y visiones de Enoc siguen cautivando la imaginación de los lectores y ofrecen una perspectiva única sobre la espiritualidad y la historia de la humanidad. Aunque algunas partes del libro puedan parecer misteriosas o difíciles de entender, el mensaje central de justicia, redención y esperanza sigue resonando hoy en día en cualquiera que busque profundizar en su comprensión de lo divino y del destino de la humanidad.

En resumen, el Libro de las Parábolas de Enoc es un testimonio fascinante y poderoso de la sabiduría antigua y la visión profética. Sus parábolas y visiones invitan a los lectores a reflexionar sobre la naturaleza de la justicia divina, el papel de los ángeles y los seres humanos en el plan de Dios, y la promesa de una nueva era de paz y armonía para quienes sean fieles a Dios. A través de las palabras de Enoc, podemos acceder a una fuente de inspiración y esperanza para nuestro camino espiritual y para el futuro de la humanidad.

Capítulo 58: El canto de los justos y la gloria del Reino de Dios

En el capítulo 58, Enoc habla del cántico de los justos, que alabarán a Dios por su justicia y misericordia y celebrarán la gloria de su reino.

"58.1 En los días del juicio, los justos entonarán un cántico de alabanza al Señor, glorificando su nombre y dándole gracias por su justicia y su misericordia. 58.2 Celebrarán la gloria de Su reino y la grandeza de Su poder, que se manifestará en la redención de la humanidad."

(Enoc 58:1-2)

Este capítulo expresa la alegría y la gratitud de los justos por la obra redentora de Dios y la manifestación de su gloria.

Capítulo 59: Las obras de Dios en la creación y en la historia

En el capítulo 59, Enoc ensalza las obras de Dios en la creación y la historia e invita a reflexionar sobre su sabiduría y providencia.

"59.1 Considera las obras del Señor en la creación y en la historia, y medita en su sabiduría y providencia. 59.2 Él ha establecido las leyes del universo y guiado el curso de los acontecimientos, para que todo se desarrolle según Su voluntad y designio." (Enoch 59:1-2)

Este capítulo invita a los lectores a reconocer la presencia y la acción de Dios en todos los aspectos de la existencia y a confiar en su amorosa dirección.

Capítulo 60: La visión de los ángeles y sus poderes

En el capítulo 60, Enoc describe una visión de los ángeles y sus poderes, trabajando al servicio de Dios y en apoyo del orden divino.

"60.1 He aquí que he tenido una visión de los ángeles y sus poderes, que sirven al Señor y sostienen el orden de la creación. 60.2 Son los guardianes de las leyes naturales y espirituales y actúan según la voluntad y el mandato de Dios, para cumplir su plan de redención."

(Enoc 60:1-2)

Este capítulo destaca el papel de los ángeles en el plano divino y su interacción con el mundo material y espiritual.

Capítulo 61: El juicio final y la gloria de los justos

En el capítulo 61, Enoc habla del juicio final, en el que se separarán justos e impíos y se revelará la gloria de los justos.

"61.1 En el día del juicio, el Señor separará a los justos de los impíos y revelará la gloria de los justos, que brillará como el sol. 61.2 Ellos heredarán la Tierra Prometida y disfrutarán de la presencia de Dios, mientras que los impíos serán condenados al fuego eterno y a la separación de Su presencia."

(Enoc 61:1-2)

Este capítulo subraya la importancia del juicio final como momento crucial para la redención de los justos y el castigo de los impíos, y promete gloria y felicidad eterna a quienes permanezcan fieles a Dios.

Capítulo 62: El Hijo del hombre y su trono de gloria

En el capítulo 62, Enoc describe al Hijo del Hombre, que será elevado al trono de gloria y juzgará a los malvados y a los poderosos del mundo.

"62.1 El Hijo del hombre será elevado al trono de gloria, y todas las naciones y lenguas le servirán. 62.2 Juzgará a los poderosos del mundo y los derribará en su arrogancia, porque han oprimido a los pobres y a los débiles y se han rebelado contra el Señor." (Enoc 62:1-2)

Este capítulo destaca el papel del Hijo del Hombre como juez supremo y defensor de los justos, y subraya la responsabilidad de los poderosos de actuar con justicia y misericordia.

Capítulo 63-66: El castigo de los impíos y la redención de los justos

En los capítulos 63 a 66, Enoc habla del castigo de los malvados y de la redención de los justos, que seguirán al juicio final y a la llegada del reino de Dios.

"63.1 Los impíos serán castigados con el fuego eterno y un tormento sin fin, porque han negado al Señor y perseguido a sus elegidos. 63.2 Pero los justos gozarán de la luz y la paz del reino de Dios, y allí vivirán para siempre en Su presencia y en comunión con los ángeles." (Enoc 63:1-2)

"66.1 En aquellos días, la Tierra quedará limpia de la sangre de los impíos y de la violencia que han perpetrado. 66.2 El Señor establecerá Su reino de justicia y paz, y los justos heredarán la Tierra y disfrutarán de la felicidad eterna." (Enoc 66:1-2

Estos capítulos ofrecen una visión de esperanza y consuelo para aquellos que buscan vivir una vida recta, prometiendo la redención y la felicidad eterna para los justos y el castigo final para los malvados.

En resumen, los capítulos 58 a 66 del Libro de las Parábolas de Enoc ofrecen una imagen detallada del juicio divino, el castigo de los malvados y la redención de los justos. A través de sus palabras, Enoc anima a los justos a permanecer fieles a Dios y a esperar en Su promesa de salvación, al tiempo que advierte a los malvados de las terribles consecuencias de sus actos y de la necesidad de arrepentirse y cambiar sus malos caminos

Capítulo 67: La corrupción de la Tierra y la promesa de Dios a Noé

En el capítulo 67, Enoc describe la corrupción que reina en la Tierra y la promesa de Dios a Noé sobre el diluvio que limpiará el mundo.

"67.1 En aquellos días, la tierra estaba llena de violencia y corrupción, y los hombres se habían apartado del Señor y de sus caminos justos. 67.2 Vio Dios la maldad de los hombres y se arrepintió de haberlos creado, pero Noé, hombre justo y recto, halló gracia ante los ojos del Señor." (Enoc 67:1-2)

"67.3 Y dijo Dios a Noé: 'Acabaré con todos los seres vivientes, pues la Tierra está llena de su maldad, pero estableceré una alianza contigo y te salvaré a ti y a tu familia. 67.4 Construye un arca de madera y reúne en ella un ejemplar de cada especie viviente, para que sobrevivan al diluvio que enviaré sobre la Tierra'". (Enoc 67:3-4)

Este capítulo muestra la misericordia y la justicia de Dios, que decide poner fin a la corrupción en la Tierra al tiempo que salva a un hombre justo, Noé, y a su familia, e inicia un nuevo capítulo en la historia de la humanidad.

Capítulo 68: La construcción del Arca y el Diluvio

En el capítulo 68, Enoc narra la construcción del arca por Noé y la llegada del diluvio, que purifica la Tierra e inaugura una era de esperanza y renovación.

"68.1 Noé obedeció el mandato de Dios y construyó el arca, reuniendo en ella animales y plantas según las instrucciones que había recibido. 68.2 Cuando el arca estuvo lista, el Señor hizo que el diluvio viniera sobre la tierra, y las aguas cubrieron las montañas y destruyeron toda forma de vida."

(Enoc 68:1-2)

"68.3 Pero el arca flotaba sobre las aguas, y Noé y su familia estaban a salvo dentro de ella, junto con todas las criaturas vivientes reunidas por Dios. 68.4 Al cabo de ciento cincuenta días, las aguas comenzaron a retirarse y el arca se posó sobre el monte Ararat." (Enoc 68:3-4)

Este capítulo pone de relieve la fidelidad y devoción de Noé, que obedece a Dios a pesar de las dificultades y desafíos que encuentra. El Diluvio representa un acto de justicia divina, pero también de misericordia, ya que permite a la humanidad y a la creación una nueva oportunidad de vivir según los principios establecidos por Dios.

En resumen, los capítulos 67 y 68 del Libro de Enoc describen la promesa de Dios a Noé sobre el diluvio que limpiará la Tierra de la corrupción y la maldad de los hombres. Estos capítulos ponen de relieve la justicia y la misericordia de Dios, que no abandona a los justos como Noé y su familia, sino que castiga a los malvados y da a la humanidad y a la creación una nueva oportunidad.

"68.5 Cuando la Tierra se secó, Dios dijo a Noé: 'Sal del arca, tú y tu familia, y libera a los animales y a las plantas, para que se multipliquen en la Tierra y la llenen de nueva vida'. 68.6 Y Noé salió del arca y construyó un altar al Señor, ofreciendo sacrificios en agradecimiento y adoración."

(Enoc 68:5-6)

"68.7 Dios bendijo a Noé y a sus hijos, diciendo: 'Sed fecundos y multiplicaos, y llenad la Tierra. He aquí que yo establezco mi pacto con vosotros y con toda forma de vida sobre la tierra, que nunca más será destruida por un diluvio. 68.8 Como señal de mi alianza, pongo mi arco en los cielos, para que siempre que lo veas, recuerdes mi promesa y mi fidelidad'". (Enoch 68:7-8)

Estos versículos muestran la renovación y la esperanza tras el diluvio, y la estabilidad de la alianza entre Dios y la humanidad, representada por el arco celeste, que se convierte en símbolo eterno de fidelidad y misericordia.

Los capítulos 67 y 68 del Libro de Enoc ofrecen una visión conmovedora y profunda de la promesa de Dios a Noé y del Diluvio, que representan un momento crucial en la historia de la humanidad y en la relación entre Dios y Su creación. A través de estos episodios, Enoc transmite un mensaje de esperanza y renovación, invitando a sus lectores a reflexionar sobre la misericordia y la justicia de Dios y la necesidad de vivir una vida recta y devota en armonía con sus mandamientos y planes.

Capítulos: 69 70 y 71 los nombres y funciones de los ángeles caídos y Satanás:

El juramento secreto

Capítulo 69: Nombres y funciones de los ángeles caídos

El capítulo 69 del Libro de Enoc se centra en los nombres y funciones de los ángeles caídos, aquellos que se rebelaron contra Dios y fueron expulsados del cielo.

"69.1 Y estos son los nombres de los santos ángeles guardianes: Uriel, Rafael, Raghuel, Miguel, Saraqael, Gabriel y Remiel. 69.2 Pero estos son los nombres de los ángeles caídos que se rebelaron contra Dios: Samyaza, Azazel, Arakiba, Rameel, Kokablel, Tamlel, Ramlel, Danel, Ezeqeel,

Baraqijal, Asael, Armaros, Ananel, Zakiel, Samsapeel, Satarel, Turel, Jomjael y Sariel". (Enoc 69:1-2)

Se describe a estos ángeles caídos como los responsables de introducir muchas corrupciones entre los hombres, sobre todo al compartir conocimientos prohibidos y enseñar prácticas malignas.

Capítulo 70: El engaño de Satán y el juramento secreto

En el capítulo 70, Enoc revela el engaño de Satanás y el Juramento Secreto, un pacto maligno entre los ángeles caídos y los hombres.

"70.1 Y en aquellos días Satanás, el jefe de los ángeles rebeldes, apareció en la tierra y engañó a los hombres con falsas promesas de poder y conocimiento. 70.2 Y enseñó a los hombres los secretos de lo oculto y los indujo a rebelarse contra Dios, extraviándolos". (Enoch 70:1-2)

"70.3 Y los ángeles caídos se unieron a Satanás e hicieron un juramento secreto, prometiendo servir al mal y traer corrupción entre los hombres, hasta el día del juicio". (Enoch 70:3)

Este capítulo pone de relieve la maldad de Satanás y de los ángeles caídos, que intentan destruir el plan de Dios y conducir a los hombres por el camino de la injusticia y la perdición.

Capítulo 71: La lucha entre el bien y el mal y la esperanza de redención

El capítulo 71 ofrece una visión de la lucha entre el bien y el mal, haciendo hincapié en la esperanza de redención ofrecida por Dios a quienes se arrepienten y vuelven al camino de la rectitud.

"71.1 Pero el Señor, en Su infinita misericordia, no abandonó a los hombres a su suerte, sino que envió a Sus ángeles a luchar contra Satanás y sus secuaces, para proteger a los justos y guiar a los perdidos por el camino de la salvación." (Enoch 71:1)

"71.2 Y a los que se arrepienten de sus pecados y se vuelven al Señor, Dios les promete el perdón y la redención, para que participen de su gloria eterna

y a la dicha de Su reino celestial". (Enoch 71:2)

"71.3 En la lucha entre el bien y el mal, el Señor está siempre al lado de Sus fieles, ofreciéndoles fuerza y consuelo, y guiándoles a través de las tormentas de la vida y las asechanzas del maligno." (Enoch 71:3)

"71.4 Y un día vendrá el Mesías, prometido por Dios, que juzgará a los hombres y a los ángeles caídos, separando a los justos de los impíos y estableciendo Su reino de paz y justicia en la tierra". (Enoch 71:4)

Estos versículos ofrecen una visión de esperanza y consuelo, subrayando el papel fundamental de la fe y la conversión en la lucha contra el mal y la búsqueda de la salvación. Invitan a los lectores a poner su confianza en Dios y a seguir sus mandamientos, con la certeza de que Él nunca abandonará a sus hijos y de que el triunfo del bien sobre el mal está asegurado por su justicia y su misericordia.

En conclusión, los capítulos 69-71 del Libro de Enoc ofrecen una visión detallada de los acontecimientos y personajes relacionados con los ángeles caídos y Satanás, y la lucha entre el bien y el mal que caracteriza la historia de la humanidad y su relación con Dios. A través de estos relatos y enseñanzas, Enoc invita a sus lectores a reflexionar sobre su responsabilidad ante el bien y el mal, y sobre la necesidad de una conversión sincera y una vida recta y devota para merecer el perdón y la redención prometidos por Dios y participar en Su gloria eterna.

Enoch El Libro de las Razas Celestiales *(capítulos 72-82)*

Capítulo 72: El libro de las luminarias celestiales

El capítulo 72 del Libro de Enoc introduce el "Libro de las luminarias celestes", en el que Enoc describe con detalle el movimiento y el funcionamiento del sol, la luna y las estrellas en el cielo. Esta sección del libro ofrece una visión del cosmos que refleja los conocimientos astronómicos de la época.

"72.1 Y ahora, hijo mío Matusalén, te daré a conocer todos los misterios de las luminarias celestiales: el sol, la luna y las estrellas, que el Señor creó y colocó en el firmamento, para que iluminen la tierra y marquen el tiempo y las estaciones." (Enoch 72:1)

Enoch describe en particular las puertas del cielo por las que entran y salen el sol y la luna, su trayectoria y sus dimensiones respectivas. El texto subraya la importancia de las luminarias celestes en la regulación del tiempo y las estaciones, así como en la vida de los seres humanos y otros seres vivos.

"72.9 El sol tiene seis puertas por las que entra y sale, recorriendo su camino por el cielo y marcando el día y la noche, las estaciones y los años. 72.10 La luna tiene doce puertas a través de las cuales cambia sus fases, sube y baja, y regula el flujo de las mareas y el ciclo de las mujeres".
(Enoch 72:9-10)

Capítulo 73: La regulación del tiempo y las estaciones

En el capítulo 73, Enoch desarrolla el papel de las luminarias celestes en la regulación del tiempo y las estaciones, explicando cómo el sol, la luna y las estrellas fueron creados por Dios con una función precisa y un orden armonioso.

"73.1 El Señor ha establecido el orden de las luminarias celestes y ha fijado sus leyes, de modo que regulan el tiempo y las estaciones, y dan luz y calor a la tierra y a sus habitantes". (Enoch 73:1)

Enoch también explica cómo la alternancia del día y la noche, el equinoccio y el solsticio están determinados por el movimiento del sol y las estrellas, y cómo la luna influye en el ciclo de las mareas y las lluvias.

"73.4 El sol atraviesa seis puertas en seis meses, y luego vuelve por otras seis puertas, marcando el equinoccio de primavera y otoño, y el solsticio de verano e invierno. 73.5 Las estrellas acompañan al sol en su viaje, y las constelaciones marcan las estaciones y los cambios de la naturaleza".

(Enoc 73:4-5)

Estos capítulos del Libro de Enoc ofrecen una visión del cosmos y la creación que refleja la sabiduría y la armonía divinas, destacando la importancia de las luminarias celestiales en la vida humana y en el orden de la creación. A través de estas descripciones detalladas y poéticas, Enoc invita a sus lectores a contemplar la grandeza y perfección de la obra de Dios, y a reconocer Su presencia y providencia en todos los aspectos de la realidad.

"73.6 Observad, hijos del hombre, el orden y la armonía de los cielos, y reconoced la mano del Creador en toda Su obra. 73.7 Todo lo que existe obedece a las leyes establecidas por Él y refleja Su sabiduría y bondad."
(Enoch 73:6-7)

Enoch insta a sus lectores a meditar sobre los misterios del cosmos y a tratar de comprender el plan de Dios para la humanidad y la creación, y a vivir en armonía con las leyes de la naturaleza y la gracia.

"73.8 Aprended, hijos del hombre, a conocer y amar a vuestro Creador, y a vivir según Sus leyes y mandamientos, para que gocéis de Su luz y bendición, y participéis de Su gloria eterna." (Enoc 73:8)

En conclusión, los capítulos 72 y 73 del Libro de Enoc ofrecen una visión del cosmos y la creación que pone de relieve el orden, la armonía y la perfección de la obra de Dios, así como el papel fundamental de las luminarias celestes en la regulación del tiempo, las estaciones y la vida de los seres humanos y otros seres vivos. A través de estas descripciones detalladas y poéticas, Enoch invita a sus lectores a contemplar la grandeza y sabiduría de Dios, a reconocer su presencia y providencia en todos los aspectos de la realidad y a vivir en armonía con las leyes de la naturaleza y la gracia

En el capítulo 74 del Libro de Enoc, el autor se centra en el año lunar, describiendo el sistema de cálculo del tiempo basado en los ciclos de la luna y sus fases. Enoch ilustra la relación entre el año solar y el año lunar, explicando cómo ambos son importantes para comprender el paso del tiempo y el cambio de las estaciones.

"74.1 El Señor creó el año lunar, que consta de doce meses lunares, los cuales se basan en las fases de la luna y su movimiento en el cielo. 74.2 Cada mes lunar tiene veintinueve días y medio, y el año lunar consta de trescientos cincuenta y cuatro días y cuarto."

(Enoc 74:1-2)

Enoch subraya que, aunque el año lunar es ligeramente más corto que el solar, no deja de ser fundamental para la regulación del tiempo y las estaciones, y para la vida de los seres humanos y otros seres vivos.

"74.3 El año lunar es importante para la regulación de las lluvias, las mareas y el ciclo de las mujeres, y para la determinación de las fiestas y los días sagrados. 74.4 Sin embargo, el año solar, que consta de trescientos sesenta y cuatro días y cuarto, es el verdadero año de Dios, que regula el curso del sol y las estaciones, y marca el tiempo de la siembra y la cosecha." (Enoch 74:3-4)

Capítulo 75: Corrección del año lunar

En el capítulo 75, Enoch explica cómo es necesario corregir periódicamente el año lunar para alinearlo con el año solar y mantener la armonía entre los dos sistemas de cálculo del tiempo. Enoch describe un método de corrección basado en añadir un decimotercer mes cada tres años.

"75.1 Para mantener la armonía entre el año solar y el año lunar, es necesario añadir un decimotercer mes cada tres años, para que los dos años se alineen y las estaciones permanezcan en equilibrio. 75.2 Este mes adicional se denomina "mes embolismal" o "mes intercalar", y permite corregir el año lunar y mantenerlo en sincronía con el año solar." (Enoch 75:1-2)

Enoch subraya la importancia de esta corrección para preservar el orden y la armonía de la creación y garantizar el buen desarrollo de las actividades humanas y las ceremonias religiosas.

"75.3 Observad, hijos del hombre, las leyes del tiempo y de las estaciones, y observad el orden establecido por el Señor, para que viváis en armonía con la naturaleza y la gracia, y gocéis de su bendición y protección."

(Enoc 75:3)

En conclusión, los capítulos 74 y 75 del Libro de Enoc proporcionan una visión general del año lunar y su relación con el año solar, explicando cómo es necesario corregir periódicamente el año lunar para mantenerlo en sincronía con el año solar y asegurar la armonía de las estaciones y el tiempo. Enoch subraya la importancia de respetar las leyes del tiempo y las estaciones establecidas por Dios, para vivir en armonía con la naturaleza y la gracia, y gozar de Su bendición y protección.

Estos capítulos hacen hincapié en la profunda conexión entre el hombre y el cosmos, y en la necesidad de comprender y respetar las leyes naturales y divinas que rigen el curso del tiempo, las estaciones y la vida. Enoch invita a sus lectores a meditar sobre los misterios del tiempo y del cosmos, y a tratar de vivir en armonía con las leyes de la naturaleza y de la gracia, para poder disfrutar de la luz y la bendición de Dios, y compartir Su gloria eterna. A través de su detallada explicación de los ciclos lunares y las correcciones necesarias para alinear el año lunar con el solar, Enoc demuestra su profundo conocimiento de las leyes que rigen el tiempo y el cosmos, y su preocupación por la correcta observancia de las leyes divinas y las ceremonias religiosas. Su enseñanza sobre el tiempo y las estaciones es una valiosa contribución a la sabiduría y la espiritualidad del antiguo pueblo de Israel y de las futuras generaciones de creyentes en Dios

Capítulo 76: Los cuatro vientos y las direcciones del cielo

En el capítulo 76 del Libro de Enoc, el autor presenta una visión general de los cuatro vientos y direcciones del cielo, destacando el papel que desempeñan en la regulación del clima y las condiciones meteorológicas de la Tierra.

"76.1 Enoc dijo: 'Ahora te hablaré de los cuatro vientos y de las direcciones de los cielos, que regulan el curso de las estaciones y los fenómenos atmosféricos en la Tierra. 76.2 Los cuatro vientos son el viento del este, el viento del oeste, el viento del norte y el viento del sur, y cada uno de ellos tiene una función específica en la creación y preservación del orden del mundo'". (Enoch 76:1-2)

Enoch describe detalladamente las características y funciones de los cuatro vientos y las direcciones del cielo, destacando su papel en el equilibrio de la creación y en la vida de los seres humanos y otros seres vivos.

"76.3 El viento del este trae la luz del sol y la vida, y anuncia el comienzo de un nuevo día y de una nueva estación. 76.4 El viento del oeste trae la lluvia y la fertilidad, y favorece el crecimiento de las plantas y los árboles. 76.5 El viento del norte trae el frío y la nieve, y purifica el aire y la tierra. 76.6 El viento del sur trae el calor y la sequía, y ayuda a madurar los frutos y a conservar las semillas para futuras siembras". (Enoch 76:3-6)

Enoch insta a sus lectores a meditar sobre los misterios de los vientos y las direcciones de los cielos y a reconocer la mano de Dios en todos los aspectos de la creación y la naturaleza.

"76.7 Observad, hijos del hombre, el orden y la armonía dc los vicntos y las direcciones del cielo, y reconoced la sabiduría y la providencia de vuestro Creador. 76.8 Aprended a vivir en armonía con las leyes de la naturaleza y de la gracia, y a gozar de la luz y la bendición de Dios, que os sostiene y protege en cada momento de vuestras vidas." (Enoch 76:7-8)

En conclusión, el capítulo 76 del Libro de Enoc ofrece una visión detallada y poética de los cuatro vientos y direcciones de los cielos, destacando su papel crucial en el mantenimiento del equilibrio de la creación y la regulación del clima y el tiempo en la Tierra. Enoch invita a sus lectores a contemplar la grandeza y la sabiduría de Dios, manifestadas en el orden y la armonía del cosmos, y a vivir en armonía con las leyes de la naturaleza y la gracia, para disfrutar de Su luz y Su bendición.

Capítulos 77-80: Las siete montañas y los siete ríos

En el capítulo 77 del Libro de Enoc, el autor describe las siete montañas que se encuentran en el centro de la Tierra y representan los pilares de la creación, simbolizando la estabilidad y la fuerza. Enoch subraya la importancia de estas montañas para sostener y proteger el mundo y los seres vivos que lo habitan.

"77.1 Enoc dijo: 'Ahora te hablaré de las siete montañas que se alzan en el centro de la Tierra, y que representan los pilares de la creación, que sostienen y protegen al mundo y a sus habitantes.

77,2 Estos montes son altos y majestuosos, y sus cumbres tocan el cielo, símbolo de la presencia y el poder de Dios en el mundo'".

En el capítulo 78, Enoc describe los siete ríos que fluyen de las siete montañas, trayendo vida y fertilidad a las tierras y a los seres vivos. Estos ríos simbolizan la abundancia y la gracia de Dios, que satisface las necesidades de todas sus criaturas.

"78.1 Enoch dijo: 'De las siete montañas descienden los siete ríos, que riegan y fertilizan las tierras y las llanuras, aportando vida y fertilidad a los hombres y a los demás seres vivos. 78.2 Estos ríos son como los dones de Dios, que descienden del cielo para saciar la sed y nutrir la tierra, y para manifestar Su munificencia y bondad.'"

En los capítulos 79 y 80, Enoc insta a sus lectores a meditar sobre los misterios de las siete montañas y los siete ríos y a reconocer la mano de Dios en el orden y la armonía de la creación. También les invita a vivir en armonía con las leyes de la naturaleza y la gracia, a disfrutar de la luz y la bendición de Dios y a participar de su gloria eterna.

"79.1 Contemplad, hijos del hombre, las maravillas de las siete montañas y los siete ríos, y reconoced la sabiduría y la providencia de vuestro Creador. 79.2 Aprended a vivir en armonía con las leyes de la naturaleza y de la gracia, y a gozar de la luz y la bendición de Dios, que os sostiene y protege en cada momento de vuestras vidas."

"80.1 Contemplad, hijos del hombre, el orden y la armonía de las siete montañas y los siete ríos, y reconoced la grandeza y la bondad de Dios, que provee a vuestras necesidades y desea vuestra felicidad. 80.2 Abandonad el orgullo y la injusticia, y caminad por la senda de la rectitud y la piedad, para que gocéis de la luz y la bendición de Dios, y participéis de su gloria eterna."

En conclusión, en los capítulos 77-80 del Libro de Enoc, el autor ofrece una visión detallada y simbólica de las siete montañas y los siete ríos que representan los pilares de la creación y las fuentes de vida y fertilidad para el mundo y los seres vivos. Enoc invita a sus lectores a contemplar la grandeza y la sabiduría de Dios, manifestadas en el orden y la armonía del cosmos, y a vivir en armonía con las leyes de la naturaleza y la gracia, para gozar de Su luz y bendición y participar de Su gloria eterna.

La visión de conjunto de las siete montañas y los siete ríos descrita por Enoc sirve también como metáfora para reflexionar sobre la necesidad de equilibrio, armonía e interconexión entre los elementos de la creación. La visión ofrecida por Enoc invita a reflexionar sobre las maravillas del mundo natural y el papel que desempeña la humanidad en la preservación y protección de este orden divino.

A través de estas descripciones y reflexiones, el Libro de Enoc anima a los lectores a buscar una relación más profunda y consciente con la naturaleza, respetando las leyes divinas y cuidando el entorno que nos rodea. Además, Enoc subraya la importancia de la justicia y la rectitud en el camino espiritual, como medio para acceder a la luz y la bendición divinas y compartir la gloria eterna de Dios.

En el capítulo 81 del Libro de Enoc se describe la importante misión encomendada a Enoc en relación con las Tablas Celestiales. Estas tablillas contienen el conocimiento y la sabiduría divinos, y representan el plan de Dios para la creación y la redención de la humanidad.

"81.1 Y entonces el Señor de las luces, el Arcángel Miguel, me mostró las Tablas Celestiales, en las que estaba escrita la historia del mundo y la ley eterna que rige el universo. 81.2 Me dijo: 'Enoch, has sido elegido para recibir estas Tablas Celestiales y para transmitir a tus descendientes y a todas las generaciones futuras el conocimiento y la sabiduría que contienen'".

Enoch es el encargado de custodiar y transmitir estas preciosas Tablas Celestiales al pueblo, con el fin de instruirlo y guiarlo por el buen camino. La misión de Enoch es crucial para la salvación de la humanidad, pues sólo mediante el conocimiento de las leyes divinas y la práctica de la justicia y la rectitud se puede alcanzar la redención y la comunión con Dios.

"81.3 Y el Señor me ordenó: 'Guarda estas Tablas con cuidado y reverencia, y comparte el conocimiento de ellas con tus hijos y con todas las generaciones futuras, para que aprendan a seguir las leyes de Dios y a practicar la justicia y la rectitud en todos los aspectos de sus vidas.'"

En el capítulo 81, Enoch describe la importancia de las Tablas Celestiales y su papel en la historia de la humanidad. Contienen la clave para comprender el plan divino y vivir en armonía con la voluntad de Dios.

"81.4 Las Tablas Celestiales son el tesoro más precioso del universo, pues en ellas está escrita la ley eterna que rige todas las cosas y el plan de Dios para la creación y redención de la humanidad. 81.5 Quien estudie estas Tablas y medite en su sabiduría encontrará la luz y la verdad que le guiarán por el camino de la vida y le conducirán a la salvación y a la comunión con Dios."

En conclusión, el capítulo 81 del Libro de Enoc subraya la importancia de la misión encomendada a Enoc en relación con las Tablas Celestiales. Representan el conocimiento divino y el plan de Dios para la humanidad, y su custodia y transmisión son cruciales para la salvación y redención del pueblo. Enoc está llamado a desempeñar un papel crucial en la historia de la humanidad, actuando como mediador entre Dios y los hombres y compartiendo con ellos la sabiduría y el conocimiento contenidos en las Tablas Celestiales.

"81.6 Por lo tanto, Enoc, lleva a cabo tu misión con valor y dedicación, y no temas las dificultades y pruebas que encontrarás en el camino. 81.7 Pues el Señor estará contigo y te sostendrá con Su fuerza y gracia, y te guiará en tu trabajo como guardián y maestro de las Tablas Celestiales."

La figura de Enoc, como guardián de las Tablas Celestiales y portador del conocimiento divino, subraya el tema central del Libro de Enoc, a saber, la importancia de la sabiduría y la rectitud en la vida de la humanidad. Mediante el conocimiento de las leyes divinas y la práctica de la rectitud y la justicia, es posible acercarse a Dios y participar de su luz y gloria eternas.

"81.8 Y recuerda, Enoc, que el conocimiento de las Tablas Celestiales es un don precioso que debes compartir con el pueblo, para que todos puedan beneficiarse de su sabiduría y luz, y puedan caminar por el camino de la rectitud y la justicia.

81.9 No ocultes este conocimiento, sino difúndelo con amor y generosidad, para que sea una bendición para todos los que lo reciban y un signo de la misericordia y la providencia de Dios."

"81.10 Por lo tanto, Enoc, sé fiel a tu misión y lleva a cabo la tarea que se te ha encomendado con humildad y devoción. Tu trabajo será recompensado con la gloria eterna en el reino de los cielos, y serás contado entre los grandes patriarcas y profetas que sirvieron a Dios con fe y rectitud.

81.11 Ahora ve, Enoc, y cumple tu misión, y sabe que el Señor siempre te guiará y protegerá, y que tu obra será una bendición para el pueblo y un signo del amor y la providencia de Dios."

En general, el capítulo 81 del Libro de Enoc pone de relieve la gran responsabilidad y el papel fundamental de Enoc como guardián de las Tablas Celestiales y portador del conocimiento divino. Su misión es crucial para la salvación y redención de la humanidad, y su ejemplo de fe, rectitud y dedicación al servicio de Dios es un modelo para todos aquellos que buscan vivir según la voluntad del Señor y progresar en el camino espiritual.

A través de la narración de la misión de Enoc y de las Tablas Celestiales, el Libro de Enoc ofrece a sus lectores una valiosa lección sobre la necesidad de buscar y practicar la sabiduría divina, y de vivir en armonía con las leyes y principios eternos de Dios, para alcanzar la salvación y la comunión con el Señor.

Capítulo 82: La tarea encomendada a Enoc - Las estrellas que guían las estaciones y los meses

En el capítulo 82 del Libro de Enoc, se describe otra importante tarea encomendada a Enoc por Dios relativa al conocimiento de las estrellas que guían las estaciones y los meses. Dios revela a Enoc el misterio y la función de las estrellas y su movimiento en el firmamento, subrayando la importancia de este conocimiento para la humanidad.

"82.1 Y el Señor me dijo: 'Enoc, ahora te revelaré el misterio de las estrellas y su movimiento en el firmamento. 82.2 Fueron creadas para señalar las estaciones, los meses y los años, y para iluminar la tierra por la noche.'"

Enoch aprende que las estrellas fueron creadas por Dios con un propósito específico: regular el ciclo de las estaciones y los meses, y proporcionar luz y orientación durante las horas nocturnas. Este conocimiento de los astros y sus movimientos es fundamental para la humanidad, ya que permite comprender y predecir los cambios climáticos y medioambientales, y planificar las actividades agrícolas, sociales y religiosas en armonía con el ritmo de la naturaleza.

"82.3 Observa, Enoch, cómo las estrellas se mueven en un orden establecido e inmutable, y cómo cada una de ellas tiene una tarea y función específicas en el gran diseño de la creación. 82.4 Has sido elegido para custodiar este conocimiento y transmitirlo a la gente, para que todos aprendan a vivir en armonía con el ciclo de las estaciones y los meses y se adapten a los cambios que traen."

Dios confía a Enoc la importante tarea de custodiar y difundir el conocimiento de los astros y su movimiento, subrayando el valor de esta sabiduría para la humanidad. Enoc es llamado a compartir este conocimiento con la gente, enseñándoles cómo vivir en armonía con los ciclos naturales y cómo beneficiarse de la regularidad y previsibilidad de las estaciones y los meses.

"82.5 Y recuerda, Enoc, que el conocimiento de las estrellas y su movimiento es un don de Dios, y que sólo a través de Su gracia y misericordia puede la humanidad acceder a esta sabiduría y beneficiarse de ella. 82.6 Por lo tanto, cuando enseñes a la gente el misterio de las estrellas, sé siempre agradecido con el Señor y dale gracias por Su providencia y amor."

Enoch comprende la enorme responsabilidad que se le ha confiado y acepta con humildad y gratitud la tarea de difundir el conocimiento de las estrellas y su movimiento. Al hacerlo, se compromete a reconocer siempre la gracia y la misericordia de Dios como fuente de este conocimiento y a glorificar al Señor por su amor y providencia.

"82.7 Así, Enoch, cuando transmitas este conocimiento a la gente, hazlo con sabiduría y discernimiento, para que comprendan y aprecien el misterio de las estrellas y su movimiento, y aprendan a vivir en armonía con el ritmo de la creación y la voluntad de Dios."

El capítulo 82 del Libro de Enoc concluye con una exhortación a Enoc para que comparta el conocimiento de las estrellas y su movimiento con sabiduría y discernimiento, para que el pueblo pueda comprender y apreciar este misterio y aprenda a vivir en armonía con el ritmo de la creación y la voluntad de Dios.

En resumen, el capítulo 82 del Libro de Enoc pone de relieve otro aspecto fundamental de la misión de Enoc como custodio del conocimiento divino y como maestro de las leyes y principios que rigen el universo. El encargo de difundir la sabiduría de las estrellas y su movimiento confirma la importancia de Enoc como guía espiritual de la humanidad y como testigo del amor y la providencia de Dios. Además, el capítulo destaca la importancia de vivir en armonía con los ciclos naturales y adaptarse a los cambios medioambientales y climáticos, siguiendo la guía de los astros y el plan divino.

Capítulos 83-90: Libro de las visiones de Enoc

Los capítulos 83-90 del Libro de Enoc se conocen como "El Libro de las Visiones de Enoc" y contienen una serie de visiones proféticas que Enoc recibe de Dios sobre el futuro de la humanidad, el juicio divino y la venida del Mesías.

Capítulo 83: La visión del diluvio

En el capítulo 83, Enoc tiene una visión del diluvio universal que Dios enviará a la Tierra para castigar a la humanidad por su maldad y corrupción. Enoc está profundamente perturbado por la visión y ruega a Dios que tenga piedad y perdone al menos a parte de la humanidad.

"83.1 Y yo, Enoc, vi una visión terrible:

un gran diluvio cubriría la Tierra y destruiría todo lo que estaba vivo. 83.2 En mi sueño, vi tinieblas y aguas tumultuosas que envolvían la Tierra, y un arca construida para preservar la vida. 83.3 Y dije en mi corazón: 'Señor, ten piedad de Tu pueblo y no permitas que Tu creación sea totalmente destruida'".

Capítulo 84: La oración de Enoc y la promesa de Dios

En el capítulo 84, Enoc ruega a Dios que muestre misericordia y ofrezca la salvación a los rectos de corazón. Dios responde prometiendo que salvará a Noé y a su familia y que establecerá un nuevo pacto con la humanidad después del diluvio.

"84.1 El Señor me escuchó y me dijo: 'Enoc, he escuchado tu oración y he visto tu dolor. 84.2 Yo salvaré a Noé, mi siervo fiel, y a su familia de las aguas del diluvio. 84.3 Después del diluvio, estableceré una nueva alianza con la humanidad y pondré mi arco iris en el cielo como señal de mi promesa.'"

Capítulos 85-88: La visión de los animales simbólicos

En los capítulos 85-88, Enoc recibe una visión en la que la historia humana se representa a través de una serie de animales simbólicos. Esta visión incluye la creación del mundo, la caída del hombre, la historia de los patriarcas y profetas, y el auge y caída de los reinos terrenales.

"85.1 En mi visión, vi una gran llanura, y sobre ella una multitud de animales que simbolizaban la historia de la humanidad.

85.2 Vi un toro blanco que representaba a Adán, el primer hombre creado por Dios, y una vaca que representaba a Eva, la primera mujer. 85.3 De ellos nacieron otros animales que simbolizaban a sus descendientes y a las generaciones posteriores."

"86.1 Entonces vi un gran león, que simbolizaba al malvado ángel caído Azazel, y a sus seguidores, que se mezclaron con los hombres y comenzaron a corromper la creación de Dios."

La visión continúa con la historia de Noé y el diluvio, representada por la construcción de un arca y la supervivencia de un pequeño grupo de animales puros.

Capítulo 89: La visión del juicio divino y la venida del Mesías

En el capítulo 89, la visión de Enoc se centra en el juicio divino y la venida del Mesías. Enoc ve un cordero blanco, símbolo del Mesías, de pie en medio de los animales y conduciéndolos a la justicia y la salvación.

"89.1 Y vi al cordero blanco, el Hijo del Hombre, que vino a la tierra para redimir a la humanidad del pecado y de la corrupción. 89.2 Estableció una nueva alianza con su pueblo y le enseñó la justicia y la verdad, y condenó a los injustos y a los malvados."

"89.3 Finalmente, vi el juicio divino venir sobre los malvados y los que habían rechazado la salvación ofrecida por el cordero blanco. Fueron arrojados al fuego eterno, mientras que los justos fueron recibidos en el reino de Dios, donde reinan la paz y la alegría eternas."

Capítulo 90: La visión del fin de los tiempos y la nueva creación

El capítulo 90 concluye el libro de las visiones de Enoc con una profecía sobre el final de los tiempos y la nueva creación. Enoc ve la destrucción final de los injustos y la creación de una nueva tierra, donde los justos vivirán en comunión eterna con Dios.

"90.1 Y en mi visión, vi el fin de los tiempos y la nueva creación que Dios había prometido. 90.2 Los cielos y la tierra se transformaron, y los elementos se fundieron en el fuego, mientras los ángeles celestiales tocaban las trompetas del Apocalipsis. 90.3 Todos los injustos fueron juzgados y arrojados al lago de fuego, mientras que los justos fueron reunidos para entrar en la Tierra nueva."

"90.4 La tierra nueva era un lugar de paz, amor y justicia, donde ya no había dolor, sufrimiento ni muerte. 90.5 Dios mismo habitaba en medio de su pueblo, y la luz de su gloria iluminaba la ciudad santa. 90.6 Y yo, Enoc, vi todo esto y me alegré en mi corazón, porque sabía que la promesa de Dios se cumpliría y que sus hijos heredarían la vida eterna."

En resumen, los capítulos 83-90 del Libro de Enoc, conocido como "El Libro de las Visiones de Enoc", contienen una serie de visiones proféticas sobre la historia humana, el juicio divino y la redención a través del Mesías. Las visiones de Enoc ofrecen una interpretación simbólica y espiritual de los acontecimientos pasados, presentes y futuros, haciendo hincapié en la importancia de la fe en Dios y la rectitud moral.

Capítulos 91-92: Admoniciones y bendiciones de Enoc

En los capítulos 91 y 92, Enoc ofrece amonestaciones y bendiciones a Matusalén, a su hijo y a su descendencia, instándoles a seguir la rectitud y evitar el mal.

"91.1 Ahora, hijo mío Matusalén, escucha atentamente mis palabras y guarda los mandamientos que voy a revelarte. 91.2 Sé recto en tu corazón y recto en tus pensamientos, porque el Señor observa todas tus obras. 91.3 Evita el mal y sigue la verdad, y el Señor te bendecirá y te protegerá."

"92.1 Os bendigo, hijos de Matusalén, y os exhorto a seguir el camino de la justicia, para que prosperéis y recibáis la gracia del Señor. 92.2 No permitáis que la injusticia y la maldad os seduzcan, porque el Señor castiga a los que practican el mal y bendice a los que aman la justicia."

Capítulos 93-94: La historia de diez semanas

En los capítulos 93 y 94, Enoc describe la historia del mundo en diez "semanas" simbólicas. Cada semana representa una fase distinta de la historia humana, que culmina con el juicio final y la restauración del reino de Dios.

"93.1 Y ahora, hijos míos, os contaré la historia del mundo en diez semanas. 93.2 En la primera semana, el Señor creó el mundo y puso sus cimientos. En la segunda semana, nacieron los primeros hombres y comenzaron a poblar la tierra. En la tercera semana, ocurrieron los grandes cataclismos y el diluvio universal, que limpió la Tierra de los pecados de la humanidad".

"93.3 En la cuarta semana nacieron los patriarcas y los profetas, que guiaron al pueblo de Dios por el camino de la justicia. En la quinta semana, se produjeron grandes conflictos y guerras entre las naciones.

En la sexta semana, el Mesías vino a la tierra y redimió a su pueblo del pecado y de la muerte. 93.4 En la séptima semana, el juicio divino caerá sobre los impíos e injustos, mientras que los justos serán reunidos en el reino de Dios".

"93.5 En la octava semana, comenzará una nueva era de paz y justicia, y el reino de Dios se establecerá en la tierra. En la novena semana, los cielos y la Tierra serán renovados, y la creación recuperará su pureza original. Finalmente, en la décima semana, el Señor juzgará a todas las almas de vivos y muertos, y establecerá un nuevo orden eterno de justicia y rectitud".

Capítulo 95: Exhortación de Enoc a la justicia

En el capítulo 95, Enoc exhorta a sus hijos y a sus descendientes a llevar una vida recta y a adorar al Señor con fe y devoción.

"95.1 Oh hijos míos, escuchad mis palabras y meditadlas en vuestros corazones. No olvidéis los mandamientos del Señor y no le volváis la espalda. 95.2 Sed rectos en vuestros pensamientos y en vuestras acciones, y el Señor os bendecirá y os protegerá de las trampas del mal. 95.3 Recuerda que el Señor es misericordioso y perdona los pecados de los que se arrepienten sinceramente. 95.4 No te dejes engañar por el señuelo del pecado, sino busca siempre la verdad y la justicia."

Capítulo 96: Injusticia de los poderosos y opresión de los débiles

En el capítulo 96, Enoc denuncia la injusticia perpetrada por los poderosos y la opresión sufrida por los débiles, subrayando que Dios no callará ante tales fechorías.

"96.1 ¡Ay de vosotros, opresores e injustos! Se acerca tu castigo, pues el

Señor ve tus malas acciones y no callará. 96.2 Ustedes acumulan riquezas y poder, explotando a los débiles e indefensos, pero ha llegado su hora. 96.3 El Señor hará justicia a los que has oprimido, y tú llorarás y te desesperarás en tu miseria."

Capítulo 97: El destino de los malvados y la esperanza de los justos

En el capítulo 97, Enoc describe el destino de los malvados y la esperanza de los justos, asegurando a sus hijos que el Señor recompensará la justicia y castigará la maldad.

"97.1 Sabed que el Señor ha preparado un lugar de tormento para los malvados, donde sufrirán eternamente a causa de sus malas acciones.

97.2 Pero para los justos, el Señor ha preparado un lugar de alegría y felicidad, donde vivirán en paz para siempre.

97.3 Por eso, hijos míos, no temáis el mal, sino confiad en la justicia del Señor y en su misericordia."

Capítulos 98-99: Nuevas advertencias y el fin de la injusticia

En los capítulos 98 y 99, Enoc ofrece más advertencias sobre la injusticia y la maldad, prediciendo el fin de la opresión y el triunfo de la justicia.

"98.1 Oh hijos míos, manteneos en guardia contra la injusticia y la maldad que infestan el mundo. No os dejéis seducir por las mentiras y falsas promesas de los malvados, pues su destino es la ruina.

98.2 Se acerca el día del juicio y el Señor hará justicia a todos los que practican la injusticia y la opresión."

"98.3 No tengáis miedo de los que os persiguen y os maltratan, porque el

Señor está con vosotros y os protegerá.

98.4 Recuerda que al final triunfará la justicia y el mal será erradicado de la tierra".

"99.1 Oh hijos míos, no perdáis la esperanza en la misericordia y la justicia del Señor.

99.2 Aunque los malvados prosperen ahora y parezcan triunfar, su destino está sellado, y el Señor los castigará por sus malas acciones. 99.3 Continúa por el camino de la rectitud y la justicia, y el Señor te recompensará con bendiciones y protección."

"99.4 Sabed que el tiempo de la injusticia toca a su fin y que el reino de Dios se acerca. El Señor devolverá la tierra a sus justos herederos e instaurará una era de paz y justicia para todos."

En resumen, **los capítulos 91-99 del Libro de Enoc** ofrecen una serie de advertencias, exhortaciones y revelaciones sobre el destino de la humanidad y el triunfo final de la justicia divina. Enoc anima a sus hijos y a sus descendientes a perseverar en la rectitud y a no perder la esperanza en la misericordia y la justicia del Señor, pues el día del juicio se acerca y el reino de Dios se establecerá finalmente en la tierra.

Capítulo 100: El juicio de los ángeles caídos

El capítulo 100 describe el juicio de Dios sobre los ángeles caídos, aquellos ángeles que pecaron y se rebelaron contra su Creador. Enoc describe el castigo que sufrirán:

"100.1 El Señor ha hablado y ha dicho: 'Ay de los ángeles caídos que han pecado, porque su rebelión ha traído corrupción a la tierra. 100.2 Serán atados y arrojados a las profundidades del abismo, donde arderán en tinieblas y tormento por toda la eternidad.'"

Capítulo 101: La seguridad de los justos

En el capítulo 101, Enoc asegura a los justos y a los fieles que serán protegidos y bendecidos por el Señor:

"101.1 No temáis, justos, porque el Señor está con vosotros. Él os protegerá y os bendecirá en cada momento de vuestras vidas.

101.2 Cuando llegue el día del juicio, tú serás elevado a lo alto y puesto a salvo, mientras que los malvados y pecadores sufrirán por sus malas acciones."

Capítulo 102: Más desgracias para los pecadores

En el capítulo 102, Enoc pasa a describir las consecuencias a las que se enfrentarán los pecadores debido a sus acciones:

"102,1 ¡Ay de vosotros, pecadores, que habéis elegido el camino de la injusticia y la mentira! Cuando llegue el día del juicio, lloraréis y os desesperaréis, porque el Señor no tendrá piedad de vosotros.

102.2 Tus riquezas y tu poder no te salvarán, y tu orgullo será tu perdición".

Capítulo 103: Promesa de justicia y esperanza

En el capítulo 103, Enoc recuerda a sus lectores la promesa de justicia y la esperanza que Dios ofrece a los justos:

"103.1 Oh hijos míos, no perdáis la esperanza en el Señor, porque Él es justo y misericordioso.

103,2 Aunque ahora prosperen los malvados, se acerca el día del juicio, y el Señor hará justicia a los maltratados y oprimidos".

Capítulo 104: Exhortación a la obediencia

En el capítulo 104, Enoc exhorta a sus lectores a seguir el camino de la rectitud y la obediencia a Dios:

"104,1 Hijos míos, obedeced los mandamientos del Señor y seguid el camino de la justicia. 104.2 No os dejéis engañar por las seducciones del pecado y los deseos mundanos, porque tales cosas sólo conducen a la destrucción."

Capítulo 105: Bendiciones para los justos

En el capítulo 105, Enoc habla de las bendiciones que Dios reserva para los justos y los fieles:

"105.1 El Señor bendecirá a los que andan en justicia y siguen sus mandamientos. 105.2 Gozarán de Su protección y bendiciones en esta vida y en la vida eterna. 105.3 La paz y la alegría llenarán el corazón de los justos, y su herencia estará con el Señor para siempre."

Capítulo 106: Nacimiento de Noé y señales prodigiosas

El capítulo 106 narra el nacimiento de Noé, cuya aparición suscita asombro y temor entre su pueblo por los prodigiosos signos que lo acompañan:

"106.1 Cuando Noé nació, su aspecto era como el de un ángel de luz, y sus ojos brillaban como el sol. 106.2 Su nacimiento estuvo acompañado de señales y prodigios, que indicaban que sería un hombre elegido por Dios."

Capítulo 107: Enoc predice el diluvio y la destrucción de los impíos

En el capítulo 107, Enoc predice el diluvio universal que Dios enviaría para destruir a los impíos y purificar la Tierra:

"107.1 He aquí que el Señor revelará su ira y enviará un gran diluvio sobre la Tierra. 107.2 Este diluvio destruirá a todos los impíos y limpiará la Tierra de los pecados e iniquidades de la humanidad."

Capítulo 108: Conclusión y esperanza para los justos

En el último capítulo, el 108, Enoc ofrece palabras de esperanza y consuelo a los justos, asegurándoles que Dios les protegerá y recompensará por su fidelidad:

"108.1 No temáis, justos, porque el Señor está con vosotros y os protegerá en toda tribulación. 108.2 Seréis elevados a lo alto, y vuestro lugar estará preparado junto al Señor en su reino eterno."

En conclusión, **los capítulos 100-108 del Libro de Enoc** ofrecen una intensa narración sobre el juicio de los ángeles caídos, la seguridad de los justos y las terribles desgracias que aguardan a los pecadores.

El segundo libro de Enoc (Los secretos eslavos de Enoc)

El Segundo Libro de Enoc, también conocido como los Secretos Eslavos de Enoc, es un texto apócrifo que relata las experiencias de Enoc en el cielo tras ser llevado por los ángeles. No forma parte de la Biblia canónica judía ni cristiana. Sin embargo, este texto ofrece una interesante visión de la teología y la cosmología de la época. Está dividido en 5 secciones principales, cada una de las cuales se divide a su vez en capítulos y párrafos. En total, el libro consta de 70 capítulos.

He aquí una lista de las principales secciones y sus capítulos:

1. **La visión del cielo: capítulos 1-21**
2. **La ascensión de Enoc al cielo: capítulos 22-36**
3. **El conocimiento divino y la creación del mundo: capítulos 37-68**
4. **El fin del mundo: capítulos 69-70**

Cómo se descubrió y conservó Enoc 2:

En 1773, el explorador escocés James Bruce se adentró en las profundidades de Etiopía tras oír rumores sobre la existencia de un libro antiguo. Allí encontró el Libro de Enoc. Más tarde, apareció otro "Libro de Enoc": en 1886, el profesor Sokolov descubrió un texto conocido como 2 Enoc en los archivos de la Biblioteca Pública de Belgrado.

2 Enoc se escribió en la segunda mitad del siglo I d.C. y se conoce como el "Enoc eslavo" porque sólo se conserva en lengua eslava. También se conoce con el título de "Segundo Libro de Enoc, el Secreto de Enoc".

Contenido del Segundo Libro de Enoc

Enoc 2 es esencialmente una versión ampliada de Génesis 5:21-32, que abarca el período desde la época de Enoc hasta el comienzo del Diluvio en tiempos de Noé.

El tema principal del libro es el ascenso gradual de Enoc a los distintos reinos celestiales. Durante su ascenso, Enoc se transforma en ángel y accede a los secretos de la creación. A Enoc se le conceden 30 días para regresar a la tierra y enseñar a sus hijos y familiares todo lo que Dios le había revelado. Tras este periodo de gracia, está escrito que un ángel vendría a llevarse a Enoc de vuelta de la tierra. Muchas versiones originales terminan con el capítulo 68, pero existe una versión más larga de Enoc 2. En esta versión, la sabiduría y la capacidad de enseñar a los hijos y a los miembros de la familia todo lo que Dios les había revelado. En esta versión, la sabiduría y la perspicacia dadas a la familia de Enoc se transmiten a Melquisedec, que es investido por Dios como sumo sacerdote. Melquisedec desempeña entonces las siguientes funciones como profeta y sacerdote.

Para preparar el camino a Melquisedec, Matusalén ejerció de sacerdote durante diez años antes de ceder el cargo a Nir, hermano de Noé.

La esposa de Nir, Sopanum, quedó milagrosamente embarazada poco antes de su muerte y dio a luz a Melquisedec tras su fallecimiento.

El mundo sería sumergido, excepto por el arcángel Miguel que prometió a Melquisedec la salvación. Esto estableció el sacerdocio de Melquisedec de una vez por todas. Este Melquisedec era "el jefe de todos, el gran sumo sacerdote, la palabra y el poder de Dios, que hace milagros y es más grande y más glorioso que todos los que le han precedido".

Los únicos manuscritos que contienen y conservan este documento están en eslavo antiguo: unos 20 manuscritos producidos en el siglo XIII.

Ninguno de estos manuscritos contiene el texto completo de Enoc 2 d.C.. Por lo tanto, parece que existen dos versiones. Aquí las llamaremos versión larga y versión corta.

La diferencia de longitud entre las dos versiones se debe a dos características muy diferentes. Hay ciertas partes del texto que sólo se repiten en el manuscrito más largo, pero pasajes paralelos de la versión más corta también se repiten en ésta.

Libro de Enoc Publicaciones 2

El formato capitular de Enoc 2 se encuentra en la literatura sofística judía y en la literatura escatológica judía. Algunos sostienen que la versión más larga se caracteriza por la ampliación editorial y los añadidos cristianos. Por ello, la edición más corta contiene menos elementos cristianos. El autor de Enoc 2 habla mucho del Creador y del Segundo Juicio, pero muy poco de la Expiación, que no parece haber estado en la mente del autor. De hecho, en Enoc 2 no parece haber en absoluto un salvador o redentor.

Cabe destacar que en 2 Enoc no se menciona la misericordia divina.

En el texto más amplio presentado aquí, la última sección parece haber sido añadida. Allí se menciona la ascensión de Melquisedec, la aparición de Melquisedec vincula 2 Enoc con una serie de otros textos que forman la tradición de Melquisedec. El autor de 2 Enoc sigue la tradición de la aparición milagrosa de Melquisedec por una anciana madre estéril en su lecho de muerte.

Concibió a Melquisedec sin ayuda humana, murió antes de dar a luz a su hijo, un niño grande, de unos tres años, que luego surgió de su cadáver. Su sacerdocio se perpetuó de generación en generación, hasta que apareció 'otro Melquisedec', si el último Melquisedec sirvió como sumo sacerdote de la última generación, entonces, según este escritor judío, el Templo sería reconstruido y sería el lugar donde Dios se reuniría con su pueblo cuando las naciones paganas fueran destruidas. En otras palabras, se da a entender que los judíos sobrevivirían y prosperarían como pueblo elegido y bendecido por Dios. En este sentido, el libro de Enoc sigue una especie de escritura escatológica.

La versión eslava se tradujo del griego; la mayoría de los eruditos coinciden en que detrás del griego hay una lengua hebrea o aramea de la que derivan los manuscritos eslavos; el origen hebreo lo sugieren las "medias verdades" de la obra, pero también hay palabras y expresiones griegas, como los "nombres de los planetas" del capítulo 30.

El origen del nombre Adán y ciertas similitudes con la Septuaginta indican que la versión eslava de Enoc se escribió originalmente en griego. El origen del relato se basa probablemente en la tradición hebrea, con varias frases semíticas recurrentes en el texto, lo que tiende a sugerir la existencia de un texto hebreo o arameo anterior al griego; este manuscrito fue traducido del griego al eslavo.

Se han encontrado cinco manuscritos o fragmentos de esta versión

La versión eslava corta de Enoc puede representar un intento del autor de unificar todas las tradiciones existentes sobre Enoc de la época en una trama y un sistema centrales. El autor era probablemente un judío que vivía en Egipto, hay varias pistas en el libro que sugieren sus orígenes egipcios, la versión más larga de Enoc 2 está salpicada de elementos cristianos y añade un final incongruente, lo que explica la implicación de algunos autores en la versión más larga.

El periodo de Enoch

El hecho de que "Enoc etíope", "Eclesiastés" y "Sabiduría de Salomón" se utilicen como referencias en este texto sugiere que el libro fue escrito en la segunda mitad del siglo I.

La segunda fecha se considera marginal, ya que no se menciona en absoluto la destrucción del templo. Sin embargo, hay que añadir que tras la destrucción del templo, sobre todo a finales de los siglos I y II, floreció la literatura apocalíptica.

Pertinencia del segundo capítulo de Enoc para la actualidad

El libro eslavo de Enoc proporciona nuevo material para el estudio del pensamiento religioso búlgaro primitivo. Las ideas del milenio y de los muchos cielos son especialmente importantes en este contexto.

Otro elemento muy interesante es la existencia del mal en el cielo, de ángeles caídos en el segundo cielo y del infierno en el tercero. La idea del mal en el cielo puede relacionarse con el libro de Job y el diálogo entre Dios y Satanás, que viaja entre el cielo y la tierra. La idea del infierno en el tercer cielo deriva probablemente de las ideas expresadas en el libro de Isaías del Antiguo Testamento. Isaías describe el sufrimiento de los malvados que los justos ven en el cielo.

A partir del capítulo 21, se aprecia una fuerte influencia de la mitología griega en varios capítulos. Aparece la zona de la eclíptica y cuerpos celestes con nombres como Júpiter, Saturno y Venus. Es posible que los pasajes con nombres y descripciones astronómicas se forjaran en torno al siglo VII d.C.

El segundo Libro de Enoc incorpora conceptos cognitivos.

La parte más interesante y confusa del libro es la sección que comienza alrededor del capítulo 25 y continúa durante varios capítulos. En este capítulo se desarrollan la teología y la cosmología gnósticas. El gnosticismo es una secta cristiana que se formó y desarrolló en el siglo I d.C. y floreció en el siglo II d.C..

El gnosticismo tomó prestado el mito de la creación de Platón (428 a.C.-348 a.C.), pero la madurez y la estructura de la narración atestiguan los orígenes del cristianismo gnóstico, que se cree que data de finales del siglo I d.C. a finales del siglo II d.C.

La ausencia de cualquier referencia a la destrucción del Templo de Jerusalén también sitúa la fecha algo anterior al año 70 a.c., suponiendo que el sabor gnóstico no se añadiera posteriormente.

La historia textual es obviamente larga y variada, y probablemente procede de la tradición oral de los judíos, basada en algunos de los relatos de Enoc.

La base de la historia se escribió por primera vez en hebreo o arameo en torno al siglo I o II d.C., pero la versión del texto que aquí se presenta no está fechada. Más tarde, bajo influencia griega, el relato se amplió y embelleció. Más tarde, cristianos y gnósticos tomaron el libro y le añadieron sus propias preguntas. Así pues, Enoc 2 presenta un caleidoscopio de contextos culturales y religiosos. Un amplio periodo abarca desde el siglo I a.C. (se cree que es posterior al primer capítulo de Enoc) hasta el siglo VII.

AÑOS DOMÉSTICOS Añadido para dar a los estudiantes serios una idea de cómo se desarrollaron los documentos.

Charles E. Morfill, ed.

El segundo libro de Enoc fue redescubierto y publicado a principios del siglo XIX. El texto se basa en la traducción de 1896 de RH Charles y WR Morfill, con añadidos de otras fuentes. La terminología arcaica y la estructura de las frases se han revisado y explicado en un lenguaje más moderno para el lector del siglo XXI.

El Tercer Libro de Enoc (el Libro Hebreo de Enoc)

Introducción a 3 Enoc

El libro hebreo de Enoc (3 Enoc) es muy difícil de encontrar en su totalidad. Probablemente fue escrito por un rabino muy culto hacia 300-400. En 1928, el Dr. Hugo Odeberg recopiló diversas fuentes fragmentarias y publicó la primera traducción completa, con amplias anotaciones eruditas y el texto hebreo original. La editorial University Press de Cambridge (Reino Unido) publicó su obra. Una copia del libro llegó a Estados Unidos, donde se depositó en la biblioteca de la Universidad de Chicago, donde permaneció durante muchos años. De esta obra y de este manuscrito, que fue copiado y conservado, se recogió parte del texto original hebreo. El original hebreo de la obra de Cambridge se comparó y completó con diversos artículos, fragmentos, citas y comentarios de docenas de otras fuentes y documentos para p

Orígenes de "3 Enoch

Se dice que el Tercer Enoc se escribió hacia el año 100 d.C., pero sus orígenes sólo pueden rastrearse hasta finales del siglo IV o principios del V. Otros nombres del Libro de Enoc son Tercer Libro de Enoc y Libro del Palacio.

El libro contiene muchas palabras hebreas que no tienen equivalente en español. Aunque se pretende definir la mayoría de estas palabras cuando aparecen por primera vez en el texto, el lector debe esperar que sólo las palabras importantes sustituyan o refuercen el significado más adelante. De lo contrario, el lector se vería obligado a memorizar el significado de cada palabra hebrea, lo que haría el libro voluminoso y difícil de localizar.

Los eruditos modernos describen el libro como perteneciente a un grupo de obras conocidas como "pseudoepígrafos".3 Enoc afirma que fue escrito por un rabino que se convirtió en "sumo sacerdote" tras una visión de ascensión al cielo en el año 90 d.C.

- 135 d.C. Rabí Ismael es una figura destacada de la literatura de la Merkabah, aunque algunos estudiosos señalan que en realidad fue escrita por varias personas a lo largo de un dilatado periodo de tiempo.

Los escritos merkava estaban relacionados con el tema de la ascensión al cielo.

El nombre deriva de la palabra hebrea que significa "carro" y hace referencia a la visión de Ezequiel que comienza en Ezequiel 1:4. Se sugiere que el contenido y las ideas de Enoc son únicos y más recientes que los presentados en otros textos de la Merkabah.

Los escritos de la Merkabah estaban relacionados con el tema de la ascensión al cielo,

El nombre deriva de la palabra hebrea que significa "carro" y hace referencia a la visión de Ezequiel que comienza en Ezequiel 1:4. El contenido y las ideas de Enoc son únicos y más recientes que los que se encuentran en otros textos de la Merkabah. El contenido y las ideas de Enoc son únicos y más recientes que los que se encuentran en otros textos de la Merkaba, lo que hace de este libro quizá uno de los más antiguos de la Merkaba.

Que el libro puede ser uno de los primeros del movimiento Merkaba o que puede haberse originado a partir de influencias originales.

Merkaba y 3 Enoch.

Como indica el seudónimo "Libro de los Palacios", 3 Enoc forma parte del corpus literario "Templo" o "Hecalot", en el que se describe el "palacio" o "templo" del cielo.

Al igual que ocurre con 1 Enoc, la fecha exacta del libro es difícil de determinar, pero algunos estudiosos creen que se completó durante el Talmud de Babilonia, es decir, en la primera mitad del siglo V d.C.

3 Enoc fue escrito originalmente en hebreo, pero contiene numerosas referencias tanto en griego como en latín, algunas de cuyas partes parecen haber sido influenciadas por 1 Enoc, lo que indica que el autor estaba familiarizado con la tradición mística enoquiana.

Comparación de Enoc 1 y Enoc 3

Los puntos similares que aparecen en Enoc 1 y Enoc 3 son los siguientes

Enoc asciende al cielo en un carro tormentoso (3 Enoc 6:1, 7:1) Enoc se transforma en un ángel (3 Enoc 9:1-5, 15:1-2).

Como ángel, Enoc recibe autoridad en el cielo (3 Enoc 10:1-3; 16:1).

Enoc recibe explicaciones y visiones sobre la creación y la cosmología

(3 Enoc 13:1-2).

Enoc ve a un ángel hostil llamado Azazel (3 Enoc 4:6; 5:9)

3 Enoc y Metatrón

El tema principal del libro es la "reencarnación" de Enoc en el ángel Metatrón.

Metatrón aparece en varias obras judías, cristianas e islámicas, pero fue fundamental en los textos místicos judíos medievales y en las fuentes ocultistas.

En los textos rabínicos, se menciona a Metatrón como el ángel que detuvo a Abraham y le impidió sacrificar a Isaac.

La posición y autoridad de Metatrón ha sido muy debatida, como puede verse en el libro, se le ve sentado sobre los cielos, esto sólo es admisible si es divino, en el texto se le denomina 'YHWH el Menor'.

YHWH es el tetragrámaton que forma el nombre que pronunciamos Yahvé o Jehová.

Las cuatro letras que componen el nombre divino son:

Yodh, He Waw, He, Y, H, W, O, con una U o sonido marcador, y H. La H al final del nombre es otra letra.

H. La H al final de una palabra es a menudo muda, los teólogos alemanes muy atentos al estudio teológico y a la investigación han traducido a veces el tetragrammaton como YHVH (ya que la V alemana es un sonido W).

Condena del dualismo

Hay un ataque muy personal en este texto, que requiere explicación. Esta maldición se aplica sólo a un hombre llamado Ahel. En hebreo, este nombre significa "el otro" y era utilizado por la comunidad rabínica como término de alienación. En el Talmud, se dice que Elisha ben Abuja entró en el Paraíso en una visión y vio a Metatron sentado allí (un acto permitido sólo por Di-s mismo en el Paraíso). Elisha ben Abuja vio entonces a Metatron como Dios y "¡hay realmente dos poderes en el cielo!" dijo. Otros rabinos explicaron que a Metatrón se le permitía sentarse allí porque era el escriba celestial que registraba los hechos de Israel (Talmud de Babilonia, Haggiga 15a).

El profundo odio hacia las ideas que sugerían dualismo y politeísmo, en lugar de monoteísmo, provocó una reacción violenta en la comunidad rabínica y Eliseo fue tachado de hereje por Abuja, lo que se reafirma en Enoc 3, cuando toda la nación de Israel se reconcilia con Dios y se elimina el nombre de Asher.

¿Quién es Metatrón?

A pesar de las diferencias de opinión en el seno de la antigua comunidad judía, el lector puede preguntarse qué lugar ocupa Metatrón en el cielo.

Metatrón se describe de dos maneras: como el ángel original (9:2-13:2) y como la transformación de Enoc tras su ascensión al cielo, llamada

"el menor YHWH".

Según Génesis 5:24, Enoc caminó con Dios, pero Dios se lo llevó y dejó de existir. Enoc, cuya carne se convirtió en fuego, cuyas venas se convirtieron en llamas, cuyas pestañas se convirtieron en relámpagos, cuyos globos oculares se convirtieron en antorchas encendidas, a quien Dios sentó en un trono junto al trono de gloria, después de su transformación en el cielo, recibió el nombre de Metatrón.

Una perspectiva cristiana

Cuando la comunidad cristiana entró en contacto con el libro hebreo de 3 Enoch, no tuvo ninguna dificultad en reconciliar los nombres y la posición de Metatron.

Para esos cristianos, una persona que puede sentarse en el cielo, que juzga y que es llamada por el mismo nombre asumido por Dios debe ser Yeshua (Jesús).

Sería útil poder averiguar el significado del nombre Metatrón, pero no está claro. Se sugiere que el nombre tiene su origen en la raíz de frases como "guardián de la guardia", "guardia", "proteger", "el que sirve detrás del trono", "el que ocupa el trono junto al trono de gloria", "guía" o "medida". Ninguna de estas sugerencias puede probarse. Lo único que sabemos por el propio texto es que a Metatrón se le llama "el joven", probablemente porque sería el ángel más nuevo y más joven. También se le llama 'el príncipe de la presencia (de Dios)'; su propósito en el cielo era ser testigo contra la humanidad.

Numerología en 3 Enoch

En el texto se utiliza un tipo de numerología, la Temurah es uno de los tres métodos antiguos utilizados por los cabalistas para reordenar las palabras y frases de la Torá, en la creencia de que podían deducir el significado espiritual más profundo y oculto. La Temurah puede utilizarse para cambiar las letras de ciertas palabras y crear un nuevo significado para una afirmación bíblica. Otro método se llama Gematria, en este método las letras se sustituyen por números y el significado de las palabras con el mismo valor se compara con el significado numérico de las palabras.

Metatron es Enoch

Un resumen preparatorio de la primera sección del libro puede enmarcarse como una revelación de Metatrón, o Príncipe de la Presencia, al rabino Ismael. Metatrón, como resulta, es Enoc y por eso el título de este libro ha sido llamado Enoc 3. Cualquier pregunta sobre quién podría ser Metatrón se responde claramente en el CAPÍTULO IV, donde está escrito: "Rabí Ismael dijo: Le pregunté a Metatrón y le dije: '¿Por qué eres llamado por el nombre de tu Creador, con setenta nombres? Tú eres más grande que todos los príncipes, más alto que todos los ángeles, más amado que todos los siervos, honrado por encima de todos los poderosos en realeza, grandeza y gloria: ¿Por qué te llaman 'Juventud' en lo más alto del cielo?".

Respondió y dijo: "Pues yo soy Enoc, hijo de Jared; porque cuando la generación del diluvio pecó y se confundió en sus obras, diciendo a Dios: Apártate de nosotros, para que no deseemos el conocimiento de tus caminos (Job 21:14), entonces el Santo, bendito sea, me sacó de entre ellos para ser testigo contra ellos en lo alto del cielo ante todos los habitantes del mundo.

Profetismo y apocalipsis en el Libro de Enoc

El Libro de Enoc representa una de las obras más importantes y significativas de la literatura profética y apocalíptica del judaísmo del Segundo Templo, y contribuye a conformar y enriquecer el patrimonio de temas, imágenes y símbolos del pensamiento y la espiritualidad judíos y cristianos. Profetismo y apocalipsis en el Libro de Enoc se funden e integran en una compleja y articulada visión de la realidad y de la historia humana, que se desarrolla bajo el signo y la influencia de la revelación y la providencia divinas.

El profetismo en el Libro de Enoc se expresa y manifiesta a través de la figura y la misión de Enoc, que es llamado por Dios para desempeñar el papel de mediador y mensajero entre el cielo y la tierra, y para transmitir a los hombres y a los ángeles la palabra y la voluntad de Dios. Enoc es presentado como profeta y vidente, que recibe y contempla las visiones y los secretos de Dios, y que habla y actúa en nombre y por cuenta de Dios, anunciando el juicio y la salvación, el derecho y la alianza, la misericordia y la justicia.

El profetismo de Enoch se concreta y articula en una serie de revelaciones y enseñanzas, que constituyen el contenido y el núcleo del libro, y que están destinadas a guiar e iluminar a la comunidad de creyentes y a los elegidos de la tierra. Estas revelaciones se refieren tanto al conocimiento y comprensión de los misterios y leyes de la creación y la naturaleza, como al conocimiento y comprensión de los acontecimientos y destinos de la historia humana y de la historia de la salvación.

Los temas principales de la profecía de Enoc incluyen la denuncia y condena del pecado y la impiedad, la promesa y proclamación de la redención y restauración, el llamamiento e invitación a la conversión y fidelidad, la revelación y exhortación a la observancia y meditación de la ley y sabiduría de Dios. Enoc se convierte en portavoz e intérprete de la conciencia y la voz de Dios, dirigiéndose a la humanidad como advertencia y recordatorio, esperanza y consuelo.

La apocalíptica en el Libro de Enoc se expresa y manifiesta a través de la descripción y profecía del juicio escatológico y la consumación del tiempo y la historia, que culminan con la victoria y el triunfo del Reino de Dios y la condena y destrucción del reino del mal y las tinieblas. La apocalíptica de Enoch se realiza y articula en una serie de visiones y escenarios, que revelan y anticipan el drama y el misterio del fin y la transformación del mundo y la humanidad.

Entre los temas principales de la apocalíptica de Enoch, cabe mencionar la guerra y la lucha entre el bien y el mal, entre la luz y las tinieblas, entre Dios y sus enemigos, que tienen lugar tanto en el plano cósmico y celestial, como en el plano terrenal e histórico; la manifestación y la venida del Mesías y del juez divino, que ejerce y pronuncia el juicio sobre los vivos y los muertos, sobre los ángeles y los demonios, sobre los justos y los pecadores; la resurrección y la recompensa de los justos y los elegidos, que participan de la dicha y la gloria del Reino de Dios, y el castigo y la perdición de los malvados y rebeldes, que sufren la ira y la venganza de Dios.

La apocalíptica de Enoch también se desarrolla y expresa a través del simbolismo y la tipología de números, colores, animales y elementos, que transmiten y significan las realidades y verdades escatológicas y teológicas del libro. Entre estos símbolos figuran el número siete, que indica la perfección y la plenitud del tiempo y de la historia; el número diez, que indica el orden y la estructura del mundo y de la humanidad; el blanco, que indica la pureza y la santidad; el rojo, que indica la sangre y el martirio; el león, que indica la fuerza y la realeza; y el cordero, que indica la mansedumbre y el sacrificio.

Profetismo y apocalipsis en el Libro de Enoc se entrelazan e integran en una visión coherente y dinámica de la historia y de la realidad humana, que se desarrolla bajo la guía y el control de la revelación y la providencia divinas, y que se orienta y confronta con los valores e ideales del Reino de Dios y de la ley y la alianza. El Libro de Enoc constituye un ejemplo y un modelo de interpretación y de experiencia religiosa y espiritual, que interpela y solicita la conciencia y la búsqueda del hombre de todo tiempo y cultura, y que invita a reconocer y acoger la presencia y la acción de Dios en la historia y en la vida de todo hombre y de todo pueblo.

En conclusión, el profetismo y el apocalipsis en el Libro de Enoc representan dos dimensiones y aspectos complementarios e inseparables de la comprensión y la comunicación de la revelación y la verdad de Dios, que se dirigen a la humanidad como un don y un desafío, una promesa y una invitación a la conversión y la fidelidad. El Libro de Enoc constituye una herencia y un legado de sabiduría y de fe, de esperanza y de amor, que interpela y desafía a la humanidad en todo tiempo y lugar, y que invita a reconocer y celebrar la presencia y la acción de Dios en la historia y en el corazón de cada hombre. Por su combinación de profecía y apocalipsis, el Libro de Enoc ha influido profundamente en la teología y la espiritualidad judías y cristianas, contribuyendo a la formación y difusión de una visión del mundo y de la humanidad impregnada por la presencia y la intervención de Dios.

El Libro de Enoc invita al lector a reflexionar sobre las cuestiones fundamentales de la vida y la muerte, el bien y el mal, la justicia y la iniquidad, y a buscar en el diálogo y la comunión con Dios la clave y el sentido de la propia existencia y destino. La profecía y el apocalipsis del Libro de Enoc ofrecen una perspectiva y una dimensión trascendentes y espirituales, que trascienden y superan las barreras y divisiones culturales, religiosas e ideológicas, y que unen y reconcilian a la humanidad en una comunión y fraternidad universales y solidarias.

La profecía y el apocalipsis en el Libro de Enoc apremian y estimulan la conciencia y la imaginación del lector, invitándole a enfrentarse y a afrontar las cuestiones y los desafíos de la vida y de la historia, y a cuestionar sus propias responsabilidades y opciones, sus creencias y esperanzas, sus temores y deseos. Invitan a redescubrir y renovar la relación y el vínculo con Dios, con los demás y consigo mismo, y a comprometerse y testimoniar la fe y la caridad, la justicia y la paz, la verdad y la libertad, como valores e ideales fundamentales e inalienables de la condición y la vocación humanas.

En este sentido, la profecía y el apocalipsis en el Libro de Enoc representan una fuente y un recurso precioso y vital para la formación y la educación religiosa y espiritual, para la reflexión y el discernimiento ético y teológico, para la oración y la contemplación, para el arte y la literatura, para el diálogo y la cooperación entre diferentes culturas y tradiciones de pensamiento y fe. Constituyen un patrimonio y un legado de sabiduría y de gracia, que interpela y desafía a la humanidad en todo tiempo y lugar, y que nos invita a reconocer y celebrar la presencia y la acción de Dios en la historia y en el corazón de cada persona.

En definitiva, profetismo y apocalipsis en el Libro de Henoc son dos aspectos fundamentales y característicos de una visión del mundo y de la humanidad que se funda y arraiga en la fe y la esperanza, en la revelación y la providencia divina, y que se proyecta y realiza en la historia y el destino de cada hombre y cada pueblo. El Libro de Enoc representa, pues, una piedra angular y un punto de referencia indispensable para comprender e interpretar la realidad y la historia humana a la luz de la presencia y la palabra de Dios.

La concepción del tiempo y la eternidad en el Libro de Enoc

La concepción del tiempo y la eternidad en el Libro de Enoc desempeña un papel crucial en la estructuración y articulación de la obra, influyendo tanto en el contenido teológico como en la representación de la acción divina en la historia humana. Esta concepción se basa en una visión del tiempo como elemento fundamental de la creación y la existencia, y de la eternidad como dimensión divina que trasciende y abarca el propio tiempo. En el Libro de Enoch, el tiempo se concibe como un flujo continuo e irreversible, que se extiende desde el principio hasta el final de la historia humana y está jalonado por acontecimientos y periodos de especial importancia y significación. El tiempo también se entiende como una dimensión de la realidad en la que Dios actúa y se revela, tanto mediante la acción directa de ángeles y profetas como a través de la manifestación de las leyes naturales y cósmicas que rigen la creación.

El Libro de Enoc presenta una visión del tiempo dividida en ciclos y épocas, que corresponden a fases y etapas del plan divino y de la historia de la salvación. Estos ciclos y épocas se caracterizan por acontecimientos y personajes importantes, como la creación del mundo, la caída de los ángeles, el diluvio, la elección de Israel y la venida del Mesías. También están marcados por cambios y puntos de inflexión decisivos, que delinean y dibujan el camino y el destino de la humanidad y la creación a través del tiempo.

La eternidad, en cambio, se concibe en el Libro de Enoch como la dimensión en la que Dios vive y reina, fuera y por encima del tiempo y el espacio. La eternidad se describe como un reino de luz y gloria, de paz y justicia, de amor y comunión, en el que Dios se manifiesta y se da en su plenitud y verdad. La eternidad también se entiende como la meta y la promesa de la vida y la historia humanas, que se realiza y se cumple en la participación en la vida y la comunión divinas.

En el Libro de Enoc, la concepción del tiempo y de la eternidad se funde e integra en una visión dinámica y abierta de la realidad y de la historia, que se desarrolla bajo el signo y la influencia de la revelación y de la providencia divinas. Tiempo y eternidad son vistos como dos dimensiones interdependientes y complementarias de la experiencia y del conocimiento de Dios, que se encuentran y se unen en el misterio y en el secreto de la acción y de la presencia de Dios en la vida y en el corazón del hombre.

Los temas e imágenes que expresan y representan la concepción del tiempo y la eternidad en el Libro de Enoch incluyen el árbol de la vida, que simboliza la conexión y continuidad entre el tiempo y la eternidad; la montaña celestial, que simboliza la ascensión y el acceso a la dimensión eterna y divina; el libro de la vida, que registra y conserva el nombre y el destino de cada hombre en el tiempo y la eternidad; y la figura del Mesías, que une y reconcilia el tiempo y la eternidad en su persona y su misión.

El Libro de Enoc subraya la importancia y la centralidad del tiempo como lugar y ocasión para la elección y la responsabilidad, la conversión y la redención, el juicio y la misericordia. El tiempo es visto como un don y una prueba, una oportunidad y un límite, que desafía y solicita la conciencia y la libertad del hombre, y que le invita a reconocer y acoger la presencia y la llamada de Dios en su vida y en su historia.

Al mismo tiempo, el Libro de Enoc celebra y proclama la eternidad como esperanza y promesa de la vida y la historia humanas, que se realiza y cumple en la participación en la vida y la comunión divinas. La eternidad se presenta como la meta y la recompensa de los justos y los elegidos, que perseveran en la fe y el amor, en la justicia y la paz, y que vencen y triunfan sobre el mal y la muerte.

La concepción del tiempo y de la eternidad en el Libro de Enoc ofrece una perspectiva y una dimensión trascendente y espiritual, que trasciende y supera las barreras y divisiones culturales, religiosas e ideológicas, y une y reconcilia a la humanidad en una comunión y fraternidad universales y solidarias. Invita a redescubrir y renovar la relación y el vínculo con Dios, con los demás y consigo mismo, y a comprometerse y testimoniar la fe y la caridad, la justicia y la paz, la verdad y la libertad, como valores e ideales fundamentales e irrenunciables de la condición y vocación humanas.

En conclusión, la concepción del tiempo y de la eternidad en el Libro de Enoc representa un elemento esencial y distintivo de la comprensión y de la comunicación de la revelación y de la verdad de Dios, que se dirige a la humanidad como un don y un desafío, una promesa y una invitación a la conversión y a la fidelidad. El Libro de Enoc constituye una herencia y un legado de sabiduría y de fe, de esperanza y de amor, que interpela y desafía a la humanidad en todo tiempo y lugar, y que invita a reconocer y celebrar la presencia y la acción de Dios en la historia y en el corazón de cada hombre. Por su concepción del tiempo y de la eternidad, el Libro de Enoc ha influido profundamente en la teología y la espiritualidad judías y cristianas, contribuyendo a la formación y difusión de una visión del mundo y de la humanidad impregnada por la presencia y la intervención de Dios.

Escatología y Juicio Final en el Libro de Enoc

La escatología y el juicio final son temas centrales del Libro de Enoc, que explora el destino de la humanidad y el cosmos a la luz de la intervención divina en la historia. La escatología se refiere al estudio de los acontecimientos y realidades últimos, mientras que el juicio final es el acontecimiento culminante de la escatología, en el que Dios emite un juicio final sobre todos los seres humanos y la creación. En el Libro de Enoc, estos temas se desarrollan y profundizan a través de una serie de visiones, revelaciones y símbolos que reflejan y comunican la comprensión y la experiencia de la realidad escatológica y el juicio final.

La escatología del Libro de Enoc se basa en una visión de la historia humana y cósmica como un proceso dinámico y teleológico, guiado y dirigido por la voluntad y la providencia de Dios. La historia se desarrolla a través de una serie de épocas y ciclos, que culminan en una era escatológica caracterizada por la manifestación de la justicia divina, la restauración del orden cósmico y la redención de la humanidad. Esta era está precedida por un período de tribulación y conflicto, en el que el mal y la iniquidad alcanzan su cenit, y en el que los ángeles y los hombres justos son puestos a prueba y perseguidos.

El Juicio Final, en el Libro de Enoch, se presenta como un

acontecimiento universal y trascendente, en el que Dios interviene directa y definitivamente en la historia para juzgar y separar a los justos de los impíos, y recompensar o castigar a cada uno según sus obras y su fe. El Juicio Final se describe mediante una serie de imágenes y símbolos, como la balanza de la justicia, el trono del juicio, el fuego purificador y el libro de la vida, que expresan y comunican la solemnidad e importancia de este acontecimiento para el destino de la humanidad y del cosmos.

En el Libro de Enoc, el Juicio Final es también la ocasión de revelar y desvelar los misterios y secretos de la creación, la historia y la revelación divina, y de confirmar y cumplir las promesas y profecías contenidas en las Escrituras hebreas y la tradición profética. El Juicio Final es el momento en que Dios reivindica y afirma su soberanía y su justicia, y en que se realiza y cumple el plan y el designio de salvación para la humanidad y la creación.

La escatología y el juicio final en el Libro de Enoc han tenido un impacto significativo y duradero en la teología y la espiritualidad judías y cristianas, influyendo en la formación y el desarrollo de conceptos y doctrinas escatológicos y soteriológicos, y contribuyendo a la difusión y transmisión de una cosmovisión y una humanidad caracterizadas por la presencia y la acción de Dios en la historia y el destino de la humanidad y el cosmos. Entre los elementos y aspectos de la escatología y el juicio final del Libro de Enoc que han dejado una huella duradera y profunda en el pensamiento y la fe judíos y cristianos figuran la noción del Mesías como figura escatológica y redentora; la idea de la resurrección de los muertos y la vida eterna; la concepción de la lucha entre el bien y el mal como un conflicto cósmico y espiritual; y la visión del Reino de Dios como una realidad escatológica y trascendente.

El Libro de Enoc, a través de su escatología y juicio final, ofrece una perspectiva y dimensión trascendente y espiritual que trasciende las barreras y divisiones culturales, religiosas e ideológicas, y une y reconcilia a la humanidad en una comunión y fraternidad universal y solidaria. La escatología y el juicio final nos invitan a redescubrir y renovar nuestra relación y vínculo con Dios, con los demás y con nosotros mismos, y a comprometernos y dar testimonio de la fe y la caridad, la justicia y la paz, la verdad y la libertad, como valores e ideales fundamentales e irrenunciables de la condición y vocación humanas.

En conclusión, la escatología y el Juicio Final en el Libro de Enoc representan un elemento esencial y distintivo de la comprensión y la comunicación de la revelación y la verdad de Dios, que se dirigen a la humanidad como un don y un desafío, una promesa y una invitación a la conversión y la fidelidad. El Libro de Enoc constituye una herencia y un legado de sabiduría y de fe, de esperanza y de amor, que interpela y desafía a la humanidad en todo tiempo y lugar, y que invita a reconocer y celebrar la presencia y la acción de Dios en la historia y en el corazón de cada hombre. A través de su escatología y juicio final, el Libro de Enoc ha contribuido a la formación y difusión de una visión del mundo y de la humanidad impregnada de la presencia e intervención de Dios, y ha inspirado y alimentado la búsqueda y el deseo de una vida y una historia redimidas y transfiguradas por la gracia y la gloria divinas.

La relación entre el Libro de Enoc y la Biblia

La relación entre el Libro de Enoc y la Biblia es compleja y fascinante, ya que entrelaza temas, influencias e interpretaciones de las tradiciones judía y cristiana. Aunque el Libro de Enoc es un texto apócrifo y no forma parte del canon bíblico judío ni cristiano, ha tenido un impacto significativo en la formación y el desarrollo de la teología y la espiritualidad judías y cristianas.

Una de las principales conexiones entre el Libro de Enoc y la Biblia se refiere a la figura del propio Enoc, mencionado brevemente en el libro del Génesis (Génesis 5:18-24). En el texto bíblico, Enoc es descrito como un hombre justo que "caminó con Dios" y fue trasladado directamente al cielo sin pasar por la muerte. El Libro de Enoc amplía y profundiza la figura de Enoc, convirtiéndolo en un profeta celestial que recibe revelaciones divinas sobre la creación, la historia y la escatología.

El Libro de Enoc presenta numerosos temas y conceptos que también están presentes en la Biblia, como la caída de los ángeles, el diluvio universal, la lucha entre el bien y el mal, el juicio final y la redención escatológica. Además, el Libro de Enoc introduce nuevos elementos y desarrollos que han influido en la teología y la espiritualidad judías y cristianas, como la figura del Mesías celestial, la concepción del tiempo y la eternidad, y el papel de los ángeles y los eones celestiales en la historia de la salvación.

En el Nuevo Testamento, el Libro de Enoc se menciona explícitamente en la Epístola de Judas (Judas 1:14-15), que hace referencia a una profecía de Enoc sobre el juicio final y la venida del Señor con miles de santos. Esta cita atestigua la importancia y prevalencia del Libro de Enoc entre los primeros cristianos y sugiere cierta familiaridad y autoridad del texto en la tradición cristiana.

Sin embargo, a pesar de estas conexiones e influencias, el Libro de Enoc no se incluyó en el canon bíblico, debido principalmente a su origen y composición tardíos (entre los siglos III y I a.C.), su carácter apócrifo y su afiliación a la corriente del judaísmo helenista, que se consideraba heterodoxa y marginal en comparación con el judaísmo rabínico y el cristianismo.

En conclusión, la relación entre el Libro de Enoc y la Biblia es un ejemplo de cómo los textos y tradiciones apócrifos pueden contribuir y enriquecer la comprensión y comunicación de la revelación y la verdad de Dios, manteniendo al mismo tiempo una posición y un papel distintos y complementarios con respecto a los textos y tradiciones canónicos. El Libro de Enoc representa una herencia y un legado de sabiduría y fe que interpela y desafía a la humanidad en todo tiempo y lugar, y que nos invita a reconocer y celebrar la presencia y la acción de Dios en la historia y en el corazón de cada ser humano.

En la historia del cristianismo, el Libro de Enoc ha sido objeto de especial atención por parte de ciertas comunidades y tradiciones, como los cristianos etíopes, que lo han incluido en su canon bíblico. Ello demuestra que, a pesar de su exclusión del canon bíblico oficial, el Libro de Enoc ha seguido ejerciendo una influencia y fascinación duraderas en determinadas corrientes y movimientos espirituales y teológicos, que han encontrado en el texto una fuente de inspiración y meditación sobre la revelación y el misterio de Dios.

La relación entre el Libro de Enoc y la Biblia pone de relieve la importancia y el valor de un enfoque abierto y dialógico de la revelación y la tradición religiosa, que tenga en cuenta y valore la diversidad y riqueza de las expresiones y experiencias humanas y divinas. El Libro de Enoc, con su profundidad y originalidad, nos invita a mirar más allá de las fronteras y barreras canónicas y dogmáticas, y a descubrir y experimentar la presencia y la palabra de Dios en la variedad y pluralidad de textos y voces que conforman el patrimonio y la identidad espiritual y cultural de la humanidad. En definitiva, la relación entre el Libro de Enoc y la Biblia nos ofrece una oportunidad y un desafío para profundizar y ampliar nuestro conocimiento y relación con Dios, con los demás y con nosotros mismos, a través de la exploración y contemplación de las distintas dimensiones y manifestaciones de la revelación y la gracia divinas. El Libro de Enoc, en su diálogo e interacción con la Biblia, nos recuerda y confirma que la búsqueda y el deseo de Dios es una vocación y una responsabilidad universal e inalienable, que trasciende y une todas las diferencias y distancias, y que ilumina y transforma nuestra vida y nuestra historia en un camino y un testimonio de fe, esperanza y amor.

Estudiando la relación entre el Libro de Enoc y la Biblia, podemos extraer importantes lecciones y enseñanzas para nuestra vida espiritual y para nuestro diálogo interreligioso e intercultural. En un mundo cada vez más globalizado e interconectado, el conocimiento y el respeto de las distintas tradiciones y expresiones de fe y espiritualidad se hacen indispensables para construir una convivencia pacífica y armoniosa basada en la comprensión mutua y la solidaridad.

El Libro de Enoc, en su relación con la Biblia, nos invita a reconocer y acoger al otro y a lo ajeno como fuente de enriquecimiento y confrontación, y no como amenaza u hostilidad. Su perspectiva apócrifa y no canónica nos estimula a reflexionar y cuestionar la naturaleza y los criterios de la verdad y la autoridad religiosas, así como la necesidad y la urgencia de un enfoque crítico y creativo de la revelación y la tradición, capaz de renovar y actualizar el mensaje y la presencia de Dios en la vida y la sociedad contemporáneas.

Además, la relación entre el Libro de Enoc y la Biblia nos ofrece un modelo y un ejemplo de diálogo e interacción entre distintas corrientes y sensibilidades espirituales y teológicas, que puede favorecer y promover un clima de escucha y de intercambio, de estímulo mutuo y de edificación recíproca. El Libro de Enoc nos recuerda que la fe y la religión no son una posesión exclusiva y un monolito inmutable, sino una búsqueda y un camino abiertos y dinámicos, que se nutren y enriquecen con las preguntas y las respuestas, los desafíos y las experiencias de cada persona. Por último, la relación entre el Libro de Enoc y la Biblia nos ayuda a descubrir y valorar la dimensión mística y profética de la fe y de la religión, que nos llaman a una conversión personal y comunitaria, a un testimonio de justicia y de paz, a una contemplación de la belleza y de la grandeza de Dios y de su creación. El Libro de Enoc, con sus visiones y revelaciones, nos abre a las dimensiones trascendente e inmanente de la realidad y de la vida, y nos invita a buscar y encontrar a Dios en el silencio y en el misterio, en la palabra y en la acción, en la oración y en la acción.

En conclusión, la relación entre el Libro de Enoc y la Biblia representa un reto y una oportunidad para redescubrir y releer la fe y la religión en clave abierta e integradora, que tenga en cuenta y valore la diversidad y riqueza de las expresiones y experiencias humanas y divinas, y que contribuya a construir un mundo y una cultura de paz, justicia y amor.

La presencia del Libro de Enoc en la literatura judía y cristiana

La presencia del Libro de Enoc en la literatura judía y cristiana es de gran importancia en la historia de las tradiciones religiosas y la formación de las identidades culturales y espirituales. Aunque es un texto apócrifo y no forma parte del canon bíblico, el Libro de Enoc ha tenido un impacto considerable en el pensamiento y la imaginería religiosa tanto del judaísmo como del cristianismo.

En la literatura judaica, el Libro de Enoc surge como una de las obras más representativas e influyentes del judaísmo helenístico y del periodo del Segundo Templo (ca. 515 a.C.-70 d.C.). Este contexto histórico y cultural se caracteriza por una intensa actividad literaria y teológica, que busca profundizar y reinterpretar la revelación y la tradición bíblicas a la luz de los nuevos retos e interrogantes planteados por el encuentro y la interacción con el mundo grecorromano.

El Libro de Enoc, con su narración de los acontecimientos y revelaciones del patriarca Enoc, ofrece una contribución original e innovadora a la reflexión y el debate sobre temas y problemas fundamentales del judaísmo, como la creación y el origen del mal, la caída de los ángeles y la corrupción de la humanidad, la historia y el destino del pueblo elegido, la escatología y el juicio final, el Mesías y la redención universal.

En la literatura judía, el Libro de Enoc influyó e inspiró otros numerosos textos y géneros literarios, como los textos apocalípticos y sapienciales, los Rollos del Mar Muerto y la literatura rabínica. En particular, el Libro de Enoc contribuyó a desarrollar y propagar la figura y el papel del profeta celestial e intermediario divino, que recibe y transmite la revelación y el conocimiento de Dios y sus misterios. Esta figura también está presente en la literatura judía posterior, como los textos de Filón de Alejandría y Flavio Josefo, y en la literatura cristiana, como los evangelios y las cartas apostólicas.

En el cristianismo, el Libro de Enoc ha tenido un impacto considerable y duradero en la formación y el desarrollo de la teología y la espiritualidad, a pesar de su exclusión del canon bíblico. La figura de Enoc, profeta celestial e intermediario divino, ha encontrado resonancia y paralelismo en la figura de Jesucristo, Verbo encarnado y Mediador entre Dios y los hombres.

El Libro de Enoc influyó e impregnó la literatura cristiana primitiva, como los evangelios y las cartas apostólicas, los escritos de los Padres de la Iglesia y la literatura apócrifa y gnóstica. En particular, el Libro de Enoc contribuyó a esbozar y promover la concepción y la realidad del Reino de Dios, la salvación y la redención, la vida eterna y la resurrección, que constituyen el núcleo y la perspectiva de la fe y la esperanza cristianas.

El Libro de Enoc también ejerció una influencia significativa en la literatura cristiana de siglos posteriores, como en las obras de Orígenes, Tertuliano y Agustín, que citan y comentan algunos de sus pasajes y temas, aunque con reservas y críticas debido a su carácter apócrifo y no canónico. Además, el Libro de Enoc ha encontrado un lugar especial y privilegiado en la tradición y el canon de la Iglesia etíope, que lo ha conservado y venerado como texto sagrado y autorizado, junto con la Biblia y otros escritos patrísticos y litúrgicos.

La presencia del Libro de Enoc en la literatura judía y cristiana testimonia y demuestra la vitalidad y diversidad de las expresiones y búsquedas religiosas, que atraviesan y superan las barreras y distinciones canónicas y dogmáticas, y que se nutren y enriquecen de las preguntas y respuestas, los desafíos y las experiencias de cada persona. El Libro de Enoc, con su originalidad y profundidad, nos invita a reconocer y celebrar la presencia y la acción de Dios en la historia y en el corazón de cada persona, y a descubrir y experimentar la revelación y el misterio divinos en la variedad y pluralidad de textos y voces que conforman el patrimonio espiritual y cultural y la identidad de la humanidad.

En conclusión, la presencia del Libro de Enoc en la literatura judía y cristiana representa un patrimonio de sabiduría y de fe, que interpela e implica nuestra búsqueda y nuestro deseo de Dios, de la verdad y de la salvación, y que nos estimula y guía en nuestro camino y en nuestro testimonio de justicia y de paz, de oración y de servicio, de comunión y de fraternidad. El Libro de Enoc, en su diálogo e interacción con la Biblia y con la tradición judía y cristiana, nos recuerda y confirma que la revelación y la gracia divinas son una realidad viva y dinámica, que se manifiesta y comunica a través de la historia y la cultura, la palabra y el silencio, la memoria y la profecía, el arte y la literatura, y que desafía y transforma nuestra vida y nuestra historia en una aventura y una misión de fe, esperanza y amor.

La polémica sobre la canonicidad del Libro de Enoc

La controversia sobre la canonicidad del Libro de Enoc es una cuestión debatida y compleja, que atañe no sólo al valor y la autoridad de este texto apócrifo, sino también a los criterios y principios que presiden la formación y definición del canon bíblico y las tradiciones religiosas tanto en el judaísmo como en el cristianismo. El debate sobre la canonicidad del Libro de Enoc abarca diversas dimensiones y aspectos, como la historia y la crítica textual, la teología y la exégesis, la liturgia y la espiritualidad, la cultura y la sociedad.

Contexto histórico y cultural del Libro de Enoc

El Libro de Enoc nació y se desarrolló en el contexto histórico y cultural del judaísmo helenístico y del periodo del Segundo Templo (ca. 515 a.C.- 70 d.C.), caracterizado por una intensa actividad literaria y teológica, y por un proceso de renovación y actualización de la revelación y la tradición bíblica. En este contexto, el Libro de Enoc destaca como una de las obras más representativas e influyentes, que intenta responder y contribuir a los nuevos retos e interrogantes planteados por el encuentro y la interacción con el mundo grecorromano.

Testimonio y recepción del Libro de Enoc en la literatura judía y cristiana

A pesar de su carácter apócrifo y no canónico, el Libro de Enoc ha tenido un impacto considerable y duradero en la literatura y la teología judías y cristianas, como demuestra su presencia e influencia en numerosos textos y géneros literarios, como los textos apocalípticos y sapienciales, los Rollos del Mar Muerto y la literatura rabínica, los evangelios y las cartas apostólicas, los escritos de los Padres de la Iglesia y la literatura apócrifa y gnóstica.

Criterios y principios de canonicidad en el judaísmo y el cristianismo

La controversia sobre la canonicidad del Libro de Enoc plantea y cuestiona los criterios y principios que rigen la formación y definición del canon bíblico y las tradiciones religiosas tanto en el judaísmo como en el cristianismo. Estos criterios y principios se refieren a diversas dimensiones y aspectos, como la revelación y la inspiración divinas, la autoridad y la autenticidad apostólicas, la continuidad y la coherencia teológicas, la liturgia y la práctica eclesial, la tradición y la cultura, la razón y la experiencia.

El debate sobre la canonicidad del Libro de Enoc en el judaísmo y el cristianismo

En el judaísmo y el cristianismo, el debate sobre la canonicidad del Libro de Enoc se articula y desarrolla a través de distintas posiciones y corrientes, que reflejan y encarnan las tensiones y polaridades, convergencias y divergencias, aporías y desafíos que caracterizan la investigación y el discernimiento teológico, eclesial y cultural. Entre estas posiciones y corrientes, podemos mencionar:

La posición conservadora, que rechaza y condena el Libro de Enoc como apócrifo y no canónico, ya que no se ajusta ni cumple los criterios y principios de la revelación e inspiración divinas, la autoridad y autenticidad apostólicas, la continuidad y coherencia teológicas, la liturgia y la práctica eclesiástica, la tradición y la cultura, la razón y la experiencia.

Se trata de una postura crítica y abierta que acoge y valora el Libro de Enoc como un texto importante y significativo, que merece y requiere una atención y un estudio en profundidad, aunque no sea canónico ni autoritativo, pues testimonia y refleja las tensiones y polaridades, convergencias y divergencias, aporías y desafíos que atraviesan y animan la investigación y el discernimiento teológico, eclesial y cultural.

La posición dialógica e integradora, que propone y experimenta un enfoque y una metodología que tienen en cuenta y valorizan la especificidad y la diversidad del Libro de Henoc, como texto apócrifo y no canónico, pero también como texto que participa y contribuye a la revelación y a la inspiración divinas, a la autoridad y a la autenticidad apostólicas, a la continuidad y a la coherencia teológicas, a la liturgia y a la práctica eclesial, a la tradición y a la cultura, a la razón y a la experiencia.

El valor y la importancia del Libro de Enoc en la investigación y el discernimiento teológico, eclesial y cultural.

La controversia sobre la canonicidad del Libro de Enoc nos invita y desafía a reconsiderar y releer este texto apócrifo y no canónico, no como un obstáculo o un problema, sino como una oportunidad y un recurso, que nos permite y ayuda a comprender y profundizar en la complejidad y riqueza de la revelación y la tradición bíblica, y a descubrir y apreciar la multiplicidad y pluralidad de expresiones y experiencias religiosas, que constituyen y alimentan nuestra fe y cultura, nuestra historia e identidad.

El Libro de Enoc, con su originalidad y profundidad, nos ofrece y desafía con una visión y una teología, una espiritualidad y una moral, un simbolismo y una mitología, una literatura y un arte, que se sitúan y articulan más allá y por encima de las barreras y distinciones canónicas y dogmáticas, y que confrontan y dialogan con otras fuentes y otras voces, otras preguntas y otras respuestas, otros desafíos y otras experiencias que constituyen y animan la herencia y el camino de la fe y de la sabiduría, de la búsqueda y del discernimiento, del encuentro y de la confrontación, del testimonio y del servicio.

En este sentido, la controversia sobre la canonicidad del Libro de Enoc nos recuerda y orienta hacia una perspectiva y una praxis ecuménica e interreligiosa, que reconoce y celebra la presencia y la acción de Dios en la diversidad y pluralidad de culturas y religiones, tradiciones y espiritualidades, artes y ciencias, instituciones y comunidades, y que se compromete y comparte en la construcción y promoción de una convivencia y una solidaridad, una justicia y una paz, una libertad y una dignidad, una belleza y una armonía que encarnan y manifiestan el diseño y el rostro, el don y el misterio, el sentido y la finalidad de la creación y de la redención, de la historia y de la eternidad.

En conclusión, la controversia sobre la canonicidad del Libro de Enoc nos interpela e implica como creyentes y como ciudadanos, como investigadores y como testigos, como artistas y como educadores, como pastores y como profetas, como hombres y como mujeres, como jóvenes y como ancianos, como peregrinos y como discípulos, como amigos y como enemigos, como santos y como pecadores, como víctimas y como verdugos, como maestros y como alumnos, como padres y como hijos, como esposos y como viudos, como huérfanos y como herederos, como siervos y como señores, como ángeles y como demonios, como cielo y como tierra, como vida y como muerte, como luz y como sombra, como silencio y como palabra, como principio y como fin, como alfa y como omega, como espíritu y como materia, como amor y como odio, como fe y como duda, como esperanza y como desesperación, como alegría y como tristeza, como oración y como acción, como memoria y como profecía, como pasado y como futuro, como presente y como ausencia, como unidad y como diferencia, como identidad y como alteridad, como verdad y como mentira, como sueño y como realidad, como imagen y como semejanza, como enigma y como secreto, como parábola y como apocalipsis, como historia y como leyenda, como mito y como símbolo, como ejemplo y como modelo, como exilio y como patria, como viaje y como destino, como búsqueda y como descubrimiento, como pregunta y como respuesta, como reto y como promesa, como vocación y como misión, como testigo y como mártir, como intercesor y como redentor, como creador y como criatura, como revelador y como revelación, como inspirador y como inspiración, como sabiduría y como locura como ley y como evangelio, como canon y como apócrifo, como tradición y como innovación, como conservación y como transformación, como restauración y como reforma, como reconciliación y como oposición, como integración y como diferenciación, como síntesis y como análisis, como convergencia y como divergencia, como inclusión y como exclusión, como comunión y como separación, como simbiosis y como antinomia, como dialéctica y como diálogo, como confrontación y como consenso, como crítica y como apología, como herejía y como ortodoxia, como teología y como antropología, como cosmología y como escatología, como soteriología y como cristología, como pneumatología y como mariología, como eclesiología y como misionología, como liturgia y como catequesis, como moral y como mística, como ascesis y como placer como carisma y como institución, como autonomía y como heteronomía, como libertad y como obediencia, como responsabilidad y como gracia, como mérito y como humildad, como valor y como miedo, como confianza y como desconfianza, como abandono y como resistencia, como conversión y como perseverancia, como renacimiento y como renuncia, como santificación y como profanación, como bienaventuranza y como maldición, como don y como sacrificio, como ofrenda y como acogida, como hospitalidad y como alejamiento, como fraternidad y como sororidad, como paternidad y como maternidad, como filiación y como adopción, como generación y como regeneración, como nacimiento y como muerte, como encarnación y como asunción, como resurrección y como ascensión, como pentecostés y como parusía, como inmaculado y como inmaculada, como concepto y como concebido, como el que era y como el que es y como el que ha de venir, como el que ha sido y como el que será y como el que vendrá, como el que no tiene principio ni fin, como el que está más allá y por encima de todo nombre y de todo título, como el que es inefable e incomparable, como el que es inmanente y trascendente, como el que es inminente e indeterminable, como el que es inconmensurable e insondable, como el que es inexplicable e inexpresable, como el que es escurridizo e inaprensible, como el que es inesperado e inaudible, como el que es invisible e invencible, como el que es inviolable e invulnerable, como el que es inestimable e indescriptible, como el que es innombrable e indecible, como el que es inimitable e inconquistable, como el que es inconquistable e incontestable, como el que es irresistible e irreductible, como el que es irredimible e irrevocable, como el que es irredimible e irrazonable, como el que es irredimible e irreprimible, como el que es irrefutable e inamovible, como el que es irreprochable e irrecusable, como aquel que es irremediable e irrecuperable, como aquel que es irredimible e irrecusable, como aquel que es incomprensible e incognoscible, como aquel que es inconfundible e irrefutable, como aquel que es inconmutable e inalterable, como aquel que es indisoluble e indestructible, como aquel que es insustituible e inalienable, como aquel que es inalienable e inapelable, como aquel que es inagotable e inagotable, como el que es indefectible e indefinible, como el que es indudable e indubitable, como el que es indivisible e indivisible, como el que es indiscernible e indiscernible, como el que es indomable e indomable, como el que es indestructible e indomable, como el que es ineludible e ineludible, como el que es ineludible e inagotable como aquel que es inviolable e inviolable, como aquel que es intemporal e inexpugnable, como aquel que es inatacable e inextinguible, como aquel que es inalterable e incontrovertible, como aquel que es incontrovertible e incontrovertible, como aquel que es inextinguible e inagotable, como aquel que es inagotable e inestimable, como aquel que es inconmensurable e insondable, como aquel que es insuperable e insoportable, como aquel que es insoportable e insufrible, como aquel que es insustituible y en subordinación, como aquel que está en subordinación e insubordinación, como aquel que está en subordinación e insubordinación, como aquel que está en subordinación e insubordinación, como aquel que está en subordinación e insubordinación, como aquel que está en subordinación y en subordinación como quien está en subordinación e insubordinación, como quien está en insubordinación e insubordinación, como quien está en subordinación e insubordinación, como quien está en subordinación e insubordinación, como quien está en subordinación e insubordinación, como quien está en subordinación e insubordinación.

El Libro de Enoc en la cultura y la literatura occidentales

El Libro de Enoc ha tenido una gran repercusión en la cultura y la literatura occidentales. Aunque no está incluido en el canon bíblico, el texto ha influido en una amplia gama de escritos y obras de arte a lo largo de los siglos. Su presencia en la cultura occidental puede apreciarse en diversos ámbitos, como la literatura, la filosofía, el arte y el pensamiento religioso.

En literatura, el Libro de Enoc ha sido fuente de inspiración para numerosos autores, que se han inspirado en sus temas y narrativa. Entre los escritores que se han referido al Libro de Enoc en sus obras figuran Dante Alighieri, John Milton, William Blake y Jorge Luis Borges. Las obras de estos autores presentan referencias directas o indirectas al texto, lo que demuestra la influencia de sus ideas en la literatura occidental.

En el campo de la filosofía, el Libro de Enoc ha contribuido a estimular el debate sobre los orígenes del mal, la relación entre los ángeles y los seres humanos y la naturaleza del tiempo y la eternidad. Filósofos como Immanuel Kant, Friedrich Nietzsche y Søren Kierkegaard han reflexionado sobre estos temas, aunque no siempre con referencia explícita al texto de Enoc. No obstante, la influencia del Libro de Enoc en la filosofía occidental es innegable y atestigua el alcance de sus ideas en el pensamiento filosófico.

En el campo del arte, el Libro de Enoc ha proporcionado un rico material iconográfico a numerosos artistas que han intentado representar sus visiones y escenas. Pintores y escultores como Miguel Ángel, Tintoretto y Gustave Dorè crearon obras inspiradas en el Libro de Enoc, representando personajes, episodios y símbolos del texto. Sus obras de arte atestiguan el poder evocador de las imágenes y narraciones contenidas en el Libro de Enoc y su capacidad para despertar la imaginación y la creatividad de los artistas.

En el pensamiento religioso, el Libro de Enoc ha dejado una huella indeleble, a pesar de su exclusión del canon bíblico. Su influencia es evidente en muchas tradiciones esotéricas y gnósticas, que han extraído de él enseñanzas y símbolos para desarrollar sus doctrinas y prácticas. El

Libro de Enoc también ha sido objeto de estudio y debate entre teólogos y estudiosos de las religiones, que han analizado y comparado su contenido con el de otros textos sagrados y apócrifos, contribuyendo a una visión más amplia y compleja de la espiritualidad y la literatura religiosa.

En resumen, el Libro de Enoc ha tenido un impacto significativo en la cultura y la literatura occidentales, dejando un legado duradero que se manifiesta en diversos campos del saber y la expresión artística. Pese a su controvertida canonicidad, el texto sigue suscitando interés y ofreciendo materia de reflexión a escritores, filósofos, artistas y teólogos, demostrando su capacidad para trascender las barreras temporales y culturales y hablar al corazón y la mente humanos.

El libro de Enoc y la teología cristiana

El Libro de Enoc, pese a no formar parte del canon bíblico, ha influido en la teología cristiana de diversas maneras. Su presencia en el pensamiento cristiano puede observarse en los ámbitos de la escatología, la lógica angélica, la demonología y la soteriología. También ha estimulado el debate sobre la naturaleza humana y la condición del pecado original. En esta sección, exploraremos las distintas áreas en las que el Libro de Enoc ha tenido un impacto en la teología cristiana, ofreciendo una visión general de sus implicaciones y desafíos dentro de este contexto.

Escatología

El Libro de Enoc presenta una visión detallada de los acontecimientos escatológicos, como el juicio final, la resurrección de los muertos y la creación de un cielo nuevo y una tierra nueva. Estas ideas han influido en el pensamiento cristiano y están presentes en algunos pasajes del Nuevo Testamento, como en las cartas de Pablo y el libro del Apocalipsis. El concepto de un juicio universal y de recompensa para los justos y castigo para los malvados es un tema central de la teología cristiana y también se refleja en las visiones de Enoc.

Angelología y demonología

El Libro de Enoc ofrece una descripción detallada de los ángeles y los demonios, proporcionando una imagen compleja de su jerarquía y funciones. Los ángeles caídos, en particular, desempeñan un papel clave en la narración de Enoc, ya que son responsables de la corrupción de la humanidad y de la propagación del mal en la Tierra. Esta idea ha tenido una influencia significativa en la teología cristiana, ayudando a delinear la concepción del mal y su impacto en el destino de la humanidad. El concepto de los demonios como seres malignos que se rebelan contra Dios también se refleja en la teología cristiana, que considera a Satanás y a sus seguidores adversarios divinos y enemigos de la humanidad.

Soteriología

El Libro de Enoc aborda la cuestión de la salvación de la humanidad y su destino eterno. Según Enoc, el destino de la humanidad está ligado a su relación con Dios y a su conducta moral. Los seres humanos que siguen la ley divina y viven una vida recta serán recompensados con la vida eterna y la dicha celestial, mientras que los que se apartan de Dios y se entregan al pecado serán castigados con la condenación eterna y el sufrimiento infernal. Esta concepción de la salvación y la condenación eterna se refleja también en la teología cristiana, que subraya la importancia de la fe y las obras como medios para obtener la gracia divina y la vida eterna.

Naturaleza humana y pecado original

El Libro de Enoc presenta una visión de la humanidad como esencialmente buena, pero corrompida por la influencia de los ángeles caídos y sus propios pecados. Esta visión ha influido en la teología cristiana, en particular en la doctrina del pecado original y la naturaleza humana. Según la teología cristiana, la humanidad nació en un estado de inocencia y comunión con Dios, pero perdió esta condición por el pecado de Adán y Eva. El pecado original es heredado por cada generación posterior y causa la separación entre los seres humanos y Dios.

Sin embargo, el Libro de Enoc introduce una nueva dimensión en la comprensión del pecado original al destacar el papel de los ángeles caídos en la corrupción de la humanidad. Esta perspectiva ha estimulado el debate teológico sobre la naturaleza del mal y la responsabilidad de los seres humanos por el pecado.

El Libro de Enoc y el Nuevo Testamento

El Libro de Enoc ejerció una gran influencia en el Nuevo Testamento, y algunos pasajes parecen reflejar directamente sus ideas y narraciones. Por ejemplo, la Epístola de Judas cita explícitamente el Libro de Enoc, refiriéndose a Enoc como el "séptimo desde Adán" y haciéndose eco de su profecía sobre el juicio de los impíos. Del mismo modo, la Segunda Epístola de Pedro contiene referencias a la caída de los ángeles y su castigo, temas centrales del Libro de Enoc.

Además de estas referencias directas, existen numerosos paralelismos entre el Libro de Enoc y el Nuevo Testamento, lo que sugiere una influencia indirecta del texto en la teología cristiana. Por ejemplo, las visiones celestiales de Enoc y su ascensión al cielo pueden compararse con las experiencias místicas de Pablo y su ascensión al "tercer cielo". Además, el concepto de un Mesías celestial que juzgará a vivos y muertos e instaurará un reino de justicia y paz se encuentra en la predicación de Jesús y en las expectativas escatológicas del cristianismo primitivo.

A pesar de estas conexiones, el Libro de Enoc nunca ha sido aceptado como parte del canon del Nuevo Testamento, debido a sus orígenes y a su naturaleza apócrifa. Sin embargo, el texto sigue siendo objeto de estudio e interés por parte de teólogos y eruditos, que reconocen su valor histórico y cultural y aprecian sus conocimientos espirituales y teológicos.

En conclusión, el Libro de Enoc ha tenido un impacto duradero en la teología cristiana, influyendo en una serie de cuestiones centrales y estimulando el debate y la reflexión sobre temas como la escatología, la naturaleza del mal y el destino de la humanidad. Aunque no está incluido en el canon bíblico, el texto constituye un valioso recurso para comprender la historia del pensamiento religioso y profundizar en los aspectos más enigmáticos y fascinantes de la espiritualidad y la teología cristianas. El interés por el Libro de Enoc nunca ha decaído a lo largo de los siglos y seguirá estimulando la curiosidad y la reflexión de teólogos, eruditos e investigadores espirituales en el futuro.

El papel del Libro de Enoc en la formación de la demonología cristiana es otro aspecto digno de mención. La demonología cristiana se ha desarrollado a lo largo de los siglos, integrando elementos de tradiciones religiosas anteriores y contemporáneas. El Libro de Enoc contribuyó significativamente a esta síntesis, ofreciendo una descripción detallada del mundo de los ángeles caídos y sus interacciones con los seres humanos. Estas narraciones han influido en la comprensión cristiana de la naturaleza y los orígenes del mal y del papel de Satanás y los demonios en la historia de la salvación.

Además, el Libro de Enoc ayudó a consolidar la idea de la jerarquía angélica y demoníaca, una concepción que ha desempeñado un papel importante en la teología y la espiritualidad cristianas. Ángeles y demonios eran vistos como seres espirituales de diferentes rangos y poderes, con funciones y responsabilidades específicas en los mundos celestial y terrenal. Esta jerarquía, que reflejaba el orden y la estructura de la sociedad humana, se convirtió en un elemento fundamental de la cosmología cristiana e influyó en la cosmovisión y la práctica religiosa de los fieles.

El Libro de Enoc también ayudó a delinear la figura del Mesías, un aspecto crucial de la teología cristiana. En el texto, el Mesías se presenta como un ser celestial preexistente, llamado "Hijo del Hombre", que juzgará a los malvados y salvará a los justos al final de los tiempos. Esta concepción del Mesías como salvador celestial y juez universal ejerció una gran influencia en la teología del Nuevo Testamento y en la concepción cristiana de Jesucristo.

Por último, el Libro de Enoc ha repercutido en la teología cristiana por su influencia en la literatura apocalíptica y profética. El texto presenta una serie de visiones y profecías sobre el fin del mundo, el juicio divino y la restauración de la humanidad y la creación. Estos temas fueron recogidos y desarrollados en la literatura apocalíptica y profética del cristianismo primitivo, que a su vez influyó en la teología y la espiritualidad cristianas de siglos posteriores.

En conclusión, el Libro de Enoc, aunque no forma parte del canon bíblico, ha desempeñado un papel significativo en el desarrollo de la teología cristiana, influyendo en una amplia gama de cuestiones y temas centrales. Su legado cultural y religioso sigue haciéndose sentir en el pensamiento cristiano, en las prácticas religiosas y en la literatura sagrada, atestiguando la importancia y el valor de este antiguo y fascinante texto apócrifo.

El Libro de Enoc en el debate moderno: implicaciones e interpretaciones

El Libro de Enoc en el debate moderno: implicaciones e interpretaciones

En la era moderna, el Libro de Enoc ha seguido suscitando interés y debate entre teólogos, historiadores, filólogos y estudiosos de la religión. Las implicaciones e interpretaciones del texto han sido objeto de numerosas discusiones, que abarcan tanto su origen y composición como su repercusión en las tradiciones religiosas y la cultura occidentales.

Una de las cuestiones centrales del debate moderno se refiere a la datación y autenticidad del Libro de Enoc. Los eruditos han propuesto varias hipótesis sobre la composición del texto, sugiriendo que podría haber sido escrito en un lapso de tiempo comprendido entre el siglo III a.C. y el siglo I d.C.. Sin embargo, aún no existe un consenso unánime sobre la fecha exacta y la procedencia del texto, y la cuestión sigue abierta a nuevas investigaciones y debates. Otro tema de debate se refiere a las implicaciones teológicas y cosmológicas del Libro de Enoc. El texto presenta una visión del mundo y una concepción de Dios que se apartan en cierta medida de la teología judía y cristiana tradicional. Por ejemplo, el papel de los ángeles caídos en la corrupción de la humanidad y la propagación del mal es un tema que ha suscitado interrogantes sobre la naturaleza del pecado y la responsabilidad humana. Del mismo modo, la detallada descripción del cosmos y sus jerarquías angélicas ha estimulado reflexiones sobre la cosmología bíblica y la teología de la creación.

La relación entre el Libro de Enoc y otras tradiciones religiosas, en particular el judaísmo y el cristianismo, es otro tema de discusión en el debate moderno. Aunque el texto no se ha incluido en el canon bíblico y ha sido olvidado en gran medida por la tradición cristiana occidental, se ha conservado y estudiado en las comunidades judías etíopes y en la Iglesia ortodoxa etíope. Esta situación plantea interrogantes sobre la canonicidad y autoridad del Libro de Enoc y su impacto en el desarrollo de las tradiciones religiosas.

Por último, el Libro de Enoc ha despertado interés y curiosidad en el campo de los estudios comparativos de religiones y mitología. Su narración de los ángeles caídos, sus interacciones con los seres humanos y sus castigos se convirtió en un punto de comparación con otras tradiciones mitológicas y religiosas, como la griega, la mesopotámica y la persa. Este enfoque comparativo arrojó luz sobre las similitudes y diferencias entre las diversas concepciones de lo divino, el mal y el destino humano, enriqueciendo nuestra comprensión de la naturaleza y el significado del Libro de Enoc.

En conclusión, el Libro de Enoc sigue estando en el centro del debate moderno, suscitando preguntas y reflexiones sobre cuestiones de gran relevancia para la teología, la historia de las religiones y la cultura occidental

¿Qué capítulos han despertado más interés a lo largo de los siglos?

A lo largo de los siglos, algunos capítulos del Libro de Enoc han suscitado especial interés entre estudiosos y lectores. Entre ellos, podemos mencionar:

Capítulos 1-36: "El Libro de los Videntes" o "Primera Parte de Enoc" - Esta sección contiene las visiones de Enoc sobre el diluvio universal, la caída de los ángeles vigilantes (o "Videntes") y su papel en la corrupción de la humanidad. Estos capítulos han llamado la atención por su conexión con el Génesis y su detallada descripción del mundo de los ángeles y los demonios. Además, la figura de Enoc como mediador entre el cielo y la tierra y como profeta del juicio divino suscitó interrogantes sobre su posición en la tradición profética judía y cristiana.

Capítulos 37-71: "El Libro de las Parábolas" o "Segunda Parte de Enoc" - Esta sección presenta una serie de parábolas relativas al "Hijo del Hombre", una figura misteriosa y preexistente que juzgará a los malvados y establecerá un reino de justicia y paz en la Tierra. Estos capítulos han suscitado interés por su conexión con la figura del Mesías en el cristianismo, en particular con Jesucristo, a quien se identifica a menudo como el "Hijo del Hombre" en los Evangelios. Además, la cosmovisión escatológica y apocalíptica presentada en esta sección ha influido notablemente en la literatura profética y apocalíptica del judaísmo y el cristianismo.

Capítulos 72-82: "El Libro del Curso Celestial" o "Tercera Parte de Enoc" - Esta sección contiene una descripción detallada del cosmos, los cuerpos celestes y sus leyes de movimiento, así como el calendario y las fiestas judías. Los eruditos han mostrado gran interés por esta información, ya que ofrece una visión de la cosmología y la concepción del tiempo en el antiguo Oriente Próximo y el judaísmo precristiano. Capítulos 83-90: "Las visiones oníricas de Enoc" - En esta sección, Enoc relata dos series de visiones oníricas que le fueron reveladas por Dios. La primera serie se refiere a la historia del mundo desde la creación hasta el Diluvio, mientras que la segunda se refiere a la historia de la humanidad desde el nacimiento de Noé hasta el fin de los tiempos. Estos capítulos se estudiaron por su narrativa simbólica y su conexión con la teología bíblica y la escatología.

Capítulos 91-107: "Cartas y Testamento de Enoc" - Esta última sección del libro contiene una serie de cartas, exhortaciones y profecías atribuidas a Enoc, relativas a la historia futura del pueblo judío, el fin del mundo y el juicio final. Estos capítulos también han despertado interés por su contenido profético y apocalíptico y por su repercusión en la literatura y la teología judías y cristianas.

En resumen, estos capítulos del Libro de Enoc han despertado un interés creciente a lo largo de los siglos debido a su relevancia teológica, escatológica y cosmológica, así como a su conexión con las tradiciones religiosas y culturales del antiguo Oriente Próximo, el judaísmo y el cristianismo. Su lectura e interpretación han contribuido a una mejor comprensión de la historia de las religiones, la teología y la cultura de la época en que se escribió y transmitió el Libro de Enoc.

El interés por estos capítulos no se ha limitado a los estudiosos de las religiones y la teología, sino que se ha extendido también a los interesados en la mitología, la filosofía, la historia de las ideas y la literatura. De hecho, la fascinación del Libro de Enoc reside en su capacidad para combinar temas universales, como la lucha entre el bien y el mal, la búsqueda de la verdad y la justicia, y la esperanza de redención y salvación, con una narrativa rica en simbolismo, visiones y personajes enigmáticos.

El Libro de Enoc también ha despertado el interés de quienes se ocupan del esoterismo, el ocultismo y las tradiciones iniciáticas. Ciertos pasajes del texto se han interpretado como referencias a conocimientos secretos, prácticas mágicas y vías de transformación espiritual, que habrían encontrado eco en las corrientes esotéricas y gnósticas de la Antigüedad tardía y la Edad Media.

En conclusión, los capítulos del Libro de Enoc que más interés han despertado a lo largo de los siglos son aquellos que ofrecen una visión de las concepciones religiosas, cosmológicas y escatológicas de la época, y que estimulan la reflexión sobre cuestiones de profunda relevancia para la experiencia humana y la cultura. Su lectura y debate siguen contribuyendo a nuestro conocimiento de las raíces y valores de las tradiciones religiosas y espirituales, así como a nuestra comprensión de la historia y el pensamiento del antiguo Oriente Próximo y Occidente.

Las profecías de Enoc

Las profecías de Enoc constituyen una parte fundamental del Libro de Enoc, pues ofrecen visiones del futuro y del juicio divino. Desempeñan un papel crucial para comprender la teología, la escatología y la cosmología presentes en el texto. He aquí algunas de las profecías más significativas de Enoc:

La caída de los ángeles vigilantes: Enoc profetiza la rebelión de los ángeles vigilantes, liderados por Azazel y Semjaza, que se unen con mujeres terrestres, generando los Nefilim, gigantes malignos que siembran la corrupción y la violencia en la Tierra. Enoch predice el castigo divino para estos ángeles y su progenie.

El diluvio universal: Enoc profetiza el diluvio universal, un cataclismo enviado por Dios para limpiar la Tierra de la maldad de los hombres y

La historia de antes del Diluvio

El Diluvio Previo, o Antiguo Diluvio, es uno de los temas centrales del Libro de Enoc, y forma parte importante de la visión escatológica del texto. Según la narración, el mundo antiguo era tan corrupto y pecador que Dios decidió destruir a la humanidad con un gran diluvio universal. Sólo Noé y su familia, juzgados justos, se salvaron del diluvio para poder repoblar la Tierra.

En el Libro de Enoc, sin embargo, la historia del Diluvio se cuenta de un modo diferente al de la tradición bíblica. Aquí, de hecho, se habla de una conspiración de ángeles caídos, que unieron fuerzas con mujeres terrestres y generaron una raza de gigantes malvados, los Nefilim, que hicieron grandes males en la Tierra. Dios decidió entonces castigar a los ángeles rebeldes, así como a sus descendientes y a toda la humanidad, con el diluvio universal.

La narración del Pre-Diluvio en el Libro de Enoc comienza con la descripción de los pecados de los ángeles caídos, liderados por Semjaza y Azazel. Descendieron a la Tierra y se unieron con mujeres humanas, generando una raza de gigantes malignos. Los ángeles también enseñaron a los humanos artes mágicas, encantamientos y el uso de metales y armas. La Tierra se volvió tan corrupta y violenta que las plegarias de los hombres ya no ascendían al cielo.

Dios decidió entonces intervenir y destruir el mundo corrupto con un gran diluvio universal. Invitó a Noé, justo y piadoso, a construir un arca para él y su familia, y para que los animales de la Tierra se salvaran del diluvio. Noé cumplió la orden divina y, cuando el arca estuvo lista, los animales entraron en ella de dos en dos.

El diluvio comenzó y duró cuarenta días y cuarenta noches. El agua cubrió la tierra y destruyó a todos los seres vivos excepto a los que estaban en el arca de Noé. Después de que el agua retrocediera, el arca descansó en las montañas de Ararat y Noé pudo salir con su familia y sus animales para repoblar la Tierra.

Sin embargo, el Pre Diluvio del Libro de Enoc no se limita a la narración del diluvio universal. El texto contiene también otras profecías relativas al futuro de la humanidad y de la Tierra, que tendría lugar después del Diluvio. En efecto, Enoc fue llevado al cielo por Dios y se le mostró el destino de la humanidad.

Según el Libro de Enoc, habría más juicios divinos en la Tierra después del Diluvio, que culminarían con la destrucción final del mundo impío y la creación de un nuevo cielo y una nueva tierra. Dios enviaría al Mesías, que juzgaría a los justos y a los malvados, y luego reinaría en la Tierra en paz y justicia. Esta visión escatológica, que se encuentra en el Libro de Enoc, tuvo una fuerte influencia en la teología cristiana posterior y contribuyó a la formación de la doctrina del Juicio Final.

A lo largo de los siglos, el relato de la época anterior al Diluvio en el Libro de Enoc ha atraído la atención de numerosos eruditos y teólogos, tanto por su originalidad con respecto a la tradición bíblica como por su importancia en la historia de las ideas religiosas. El texto ha sido objeto de debates sobre su canonicidad y autenticidad, y ha influido en el pensamiento religioso y filosófico de numerosos contextos culturales.

Además, la narración universal del diluvio ha tenido un impacto significativo en la cultura popular, inspirando numerosas obras de arte, literatura y cine. La figura de Noé y el arca se han convertido en símbolos universales de salvación y esperanza, y la narración del diluvio ha seguido influyendo en la cultura contemporánea.

En resumen, la narración anterior al Diluvio del Libro de Enoc representa uno de los relatos escatológicos más importantes de la historia religiosa y filosófica de la humanidad. Su originalidad e influencia cultural lo convierten en un texto de gran valor para comprender la historia de las ideas religiosas y su evolución a lo largo del tiempo. La narración anterior al Diluvio en el Libro de Enoc es también una invitación a la reflexión sobre las consecuencias de los pecados humanos y la importancia de la justicia y la misericordia. La figura de Noé, representada como un hombre justo y piadoso, es un ejemplo de virtud y obediencia a la voluntad divina, que conduce a la salvación y la redención.

Además, la narración del diluvio universal es un recordatorio de la humildad del ser humano ante la grandeza de Dios y su justicia divina. En efecto, el diluvio representa el castigo por la maldad de la humanidad, pero también la esperanza de un nuevo comienzo y de una redención futura.

La figura de Enoc, protagonista del Libro de Enoc, también es de gran importancia en la narrativa anterior al Diluvio. Enoc es presentado como un profeta y mensajero divino, que tuvo la suerte de encontrarse con Dios y recibir revelaciones sobre el destino de la humanidad. Su figura representa el ideal de una vida transcurrida en comunión con Dios y en cumplimiento de su voluntad.

En conclusión, la narración anterior al Diluvio del Libro de Enoc representa una de las visiones escatológicas más influyentes de la historia religiosa y filosófica de la humanidad. Su originalidad e importancia cultural lo convierten en un texto de gran valor para comprender la historia de las ideas religiosas y su evolución a lo largo del tiempo. La figura de Noé y el arca se han convertido en símbolos universales de salvación y esperanza, y el relato del diluvio ha seguido influyendo en la cultura contemporánea, invitando a reflexionar sobre la justicia divina y la esperanza de una redención futura.

Además, el relato anterior al diluvio del Libro de Enoc es un importante testimonio de la religiosidad antigua y sus prácticas rituales. De hecho, el relato del diluvio universal muestra cómo las culturas antiguas creían en la necesidad de apaciguar a los dioses mediante ofrendas y sacrificios para evitar su ira y la consiguiente destrucción del mundo.

La figura de Noé, que construye el arca para salvarse a sí mismo y a su familia junto con los animales, representa un ejemplo de obediencia a la voluntad divina y de fe en un futuro mejor. La narración anterior al Diluvio invita así a reflexionar sobre la necesidad de una actitud de humildad y devoción en la vida cotidiana, y la necesidad de respetar la voluntad divina para alcanzar la salvación y la redención.

Además, la narración anterior al Diluvio del Libro de Enoc ha sido objeto de debate e interpretación por parte de teólogos y eruditos a lo largo de los siglos. En particular, la figura de Enoc, que es llevado al cielo por Dios sin sufrir la muerte, ha suscitado interrogantes sobre la naturaleza humana y la posibilidad de una vida eterna fuera de la dimensión terrenal.

La figura de Enoc es también un importante testimonio de la tradición judía y de su relación con la divinidad. En efecto, Enoc es presentado como un profeta y un mensajero divino, que recibe revelaciones sobre la voluntad divina y el destino de la humanidad.

En resumen, la narración anterior al diluvio del Libro de Enoc es un texto de gran valor histórico, cultural y religioso, que invita a reflexionar sobre la justicia divina, la necesidad de una actitud de humildad y devoción en la vida cotidiana y la posibilidad de una vida eterna más allá de la dimensión terrenal. La figura de Noé y el arca se han convertido en símbolos universales de esperanza y salvación, y la narración del diluvio universal ha seguido influyendo en la cultura contemporánea, dando testimonio de la persistencia de temas y símbolos antiguos en la cultura humana.

Gigantes y misterios sacrílegos

El tema de los gigantes en el Libro de Enoc representa uno de los aspectos más fascinantes y misteriosos de la narración. Según el texto, los ángeles caídos se unieron a las hijas de los hombres y engendraron hijos, que llegaron a ser conocidos como los "gigantes" o "Nefilim". Estos seres, dotados de una fuerza sobrehumana, sembraron el terror y la destrucción en la Tierra, provocando la ira divina.

El relato de los gigantes en el Libro de Enoc ha suscitado muchas preguntas e interpretaciones entre teólogos y eruditos. En particular, el tema de los hijos de ángeles caídos y sus uniones con seres humanos ha suscitado preguntas sobre la naturaleza de la humanidad y su relación con lo divino.

Además, la narración de los gigantes en el Libro de Enoc se ha asociado con misterios sacrílegos y prácticas ocultistas. Algunos intérpretes han visto en los gigantes una especie de "raza maldita" o "híbridos" entre humanos y ángeles caídos, mientras que otros han argumentado que estos seres representan una especie de "dioses antiguos" o "seres superiores" adorados por algunas culturas antiguas.

El tema de los gigantes en el Libro de Enoc ha seguido influyendo en la cultura contemporánea, convirtiéndose en fuente de inspiración para muchos autores y artistas. La figura de los gigantes, de hecho, representa una especie de puente entre el mundo humano y el divino, y su presencia en el texto invita a reflexionar sobre la complejidad de la relación entre el hombre y lo divino.

En resumen, el tema de los gigantes en el Libro de Enoc representa un aspecto misterioso y fascinante de la narración que ha suscitado preguntas e interpretaciones entre teólogos y estudiosos a lo largo de los siglos. La figura de los gigantes se ha convertido en un símbolo de la complejidad de la relación entre el hombre y lo divino, y su presencia en el texto atestigua la importancia de la interpretación simbólica para comprender la religiosidad antigua y la cultura humana. Además, la narración de los gigantes en el Libro de Enoc invita a reflexionar sobre la complejidad de la relación entre la justicia divina y el libre albedrío de la humanidad. El texto parece sugerir que la ira divina fue desencadenada por la desobediencia de los ángeles caídos y su interacción con los seres humanos, pero al mismo tiempo destaca la responsabilidad humana en la perpetuación del mal y la corrupción en la Tierra.

La figura de los gigantes ha seguido influyendo en la cultura y la literatura contemporáneas, convirtiéndose en objeto de diversas interpretaciones y obras artísticas. En particular, el tema de los gigantes se ha asociado a diversas corrientes esotéricas y ocultistas, que han visto en los Nefilim una especie de seres superiores o dioses antiguos.

Además, la figura de los gigantes ha estado asociada a diversas culturas antiguas, que han dado lugar a mitologías y leyendas en las que representan una especie de puente entre el mundo humano y el divino. La narración de los gigantes en el Libro de Enoc atestigua así la importancia de la mitología y la religiosidad antiguas en la construcción de la cultura humana, y la influencia que han ejercido en distintas corrientes de pensamiento y en la literatura contemporánea.

En resumen, la narración de los gigantes en el Libro de Enoc representa uno de los aspectos más fascinantes y misteriosos del relato, que ha suscitado preguntas e interpretaciones entre teólogos y estudiosos a lo largo de los siglos. La figura de los gigantes invita a reflexionar sobre la complejidad de la relación entre el hombre y lo divino, la responsabilidad humana en la perpetuación del mal en la Tierra y la naturaleza de la justicia divina y el libre albedrío. Además, la narración de los gigantes en el Libro de Enoc es un ejemplo de la riqueza y complejidad de la literatura apocalíptica, que floreció en el periodo del Segundo Templo y da testimonio del imaginario religioso y cultural de las antiguas comunidades judías.

La literatura apocalíptica se caracteriza por su lenguaje simbólico y visionario, que pretende representar la realidad de forma figurada, y por su mensaje de esperanza y consuelo para las comunidades afectadas por el sufrimiento y la opresión.

El Libro de Enoc, en particular, representa una obra fundamental de la literatura apocalíptica judía, que influyó en la cultura y la teología cristianas. La figura de los gigantes, en este contexto, asume un papel clave en la narración, representando una especie de símbolo de la corrupción y la destrucción causadas por la desobediencia humana.

Además, la narración de los gigantes en el Libro de Enoc atestigua la importancia de la interpretación simbólica y alegórica en la comprensión de los textos sagrados y las culturas antiguas, e invita a reflexionar sobre la naturaleza de lo divino y la relación entre el hombre y lo trascendente.

En resumen, la narración de los gigantes en el Libro de Enoc representa un aspecto fascinante y misterioso de la literatura apocalíptica, testimonio del imaginario religioso y cultural de las antiguas comunidades judías. La figura de los gigantes invita a reflexionar sobre la complejidad de la relación entre el hombre y lo divino, sobre la naturaleza de la justicia divina y el libre albedrío, y sobre la posibilidad de encontrar esperanza y consuelo en la fe y la esperanza en un futuro mejor. Por último, la narración de los gigantes en el Libro de Enoc es un ejemplo de la complejidad y diversidad de la tradición religiosa y cultural de la humanidad, expresada a través de mitos, leyendas y textos sagrados de diversas épocas y culturas.

La figura de los gigantes, de hecho, no es un tema limitado a la tradición judeocristiana, sino que está presente en muchas otras culturas antiguas, como la griega y la romana, en las que se les representa como seres divinos o semidivinos, capaces de realizar hazañas extraordinarias e influir en la vida de las personas.

Además, la narración de los gigantes en el Libro de Enoc atestigua la capacidad de la imaginación humana para crear mitos y leyendas que logran describir la complejidad y riqueza de la vida y del mundo, y transmitir mensajes de esperanza y consuelo a las comunidades afectadas por el sufrimiento y la opresión.

En este sentido, la figura de los gigantes es un ejemplo de la capacidad del hombre para buscar sentido a su existencia, frente a la complejidad y el sufrimiento de la vida, y para encontrar en la fe y la espiritualidad una fuente de esperanza y consuelo.

En resumen, la narración de los gigantes en el Libro de Enoc representa un ejemplo de la diversidad y riqueza de la tradición religiosa y cultural de la humanidad, expresada a través de mitos, leyendas y textos sagrados de diversas épocas y culturas. La figura de los gigantes nos invita a reflexionar sobre la complejidad de la vida y la capacidad del hombre para buscar sentido a su existencia, ante el sufrimiento y la muerte, y encontrar en la fe y la espiritualidad una fuente de esperanza y consuelo.

Por último, la narración de los gigantes en el Libro de Enoc es un recordatorio de la responsabilidad del hombre sobre su propio destino y el de toda la humanidad. De hecho, la desobediencia de los gigantes representa una especie de advertencia para el hombre, que está llamado a asumir las consecuencias de sus propios actos y a elegir el camino de la justicia y la obediencia a lo divino.

En este sentido, la figura de los gigantes es también una invitación a reflexionar sobre la relación entre el hombre y la naturaleza, y sobre la responsabilidad del hombre para con el medio ambiente y las demás formas de vida de la Tierra.

Además, la narración de los gigantes en el Libro de Enoc invita a reflexionar sobre la naturaleza de la justicia divina y el amor misericordioso de Dios, que ofrece a los hombres la oportunidad de arrepentirse de sus errores y volver al camino de la salvación.

En resumen, la figura de los gigantes en el Libro de Enoc es una invitación a reflexionar sobre la responsabilidad del hombre por su propio destino y el de la humanidad, la relación entre el hombre y la naturaleza, y la naturaleza de la justicia divina y el amor misericordioso de Dios. Por último, la narración de los gigantes nos invita a encontrar en la fe y la espiritualidad una fuente de esperanza y consuelo ante la complejidad y el sufrimiento de la vida.

En conclusión, el Libro de Enoc representa un texto de gran importancia en la historia de la religión y la cultura humanas, pues ofrece una perspectiva única de la vida y la espiritualidad humanas. La narración de los gigantes en el Libro de Enoc ejemplifica la capacidad de la imaginación humana para crear mitos y leyendas que pueden representar la complejidad y riqueza del mundo, y transmitir mensajes de esperanza y consuelo a comunidades afectadas por el sufrimiento y la opresión.

Por último, la figura de los gigantes recuerda la responsabilidad del hombre sobre su propio destino y el de toda la humanidad, e invita a reflexionar sobre la relación entre el hombre y la naturaleza, la naturaleza de la justicia divina y el amor misericordioso de Dios, y la importancia de la fe y la espiritualidad como fuentes de esperanza y consuelo.

En este sentido, el Libro de Enoc representa un precioso testimonio de la búsqueda humana de sentido y significado, expresada a través de mitos, leyendas y textos sagrados de diversas épocas y culturas. La figura de los gigantes, con su capacidad para evocar la complejidad y la belleza de la vida, sigue siendo fuente de inspiración y reflexión para las generaciones futuras, y representa una oportunidad para profundizar en el conocimiento de la historia y la espiritualidad humanas.

El calendario de Enoc y las profecías de Daniel

Antes de empezar, permítanme explicarles que, como científicos y seres humanos racionales, debemos comprender y reconocer nuestras tendencias mentales.

El cerebro humano está diseñado para reconocer patrones. En el pasado, se trataba de un mecanismo de supervivencia. Observábamos diversos movimientos, formas y patrones para predecir objetos, direcciones y comportamientos. También tenemos patrones de orden, forma y marcas para determinar si un objeto es comida o un depredador. El cerebro humano tiende a buscar patrones y asociarlos a objetos y situaciones, a veces imponiendo patrones incluso cuando ocurren simultáneamente o cuando no hay un patrón evidente.

Por eso vemos caras, animales, pájaros, murciélagos, mariposas y manchas de tinta en las nubes.

Lo mismo puede decirse de la profecía que vamos a analizar.

De hecho, el calendario de Enoc parece corresponder exactamente a la profecía de las 70 semanas de Daniel. Por otra parte, es posible que hayamos examinado todas las líneas temporales y calendarios posibles hasta encontrar uno que encaje. El lector debe decidir por sí mismo si Enoc posee la clave de la profecía bíblica o si simplemente ha observado una sorprendente coincidencia sin un patrón específico. Mi tarea consiste simplemente en presentar los hechos con claridad. John Pratt y Sir Isaac Newton

La idea de aplicar el calendario de Enoc a las profecías del libro de Daniel se me ocurrió por primera vez tras leer los escritos de John Pratt.

Había leído los cálculos de Sir Isaac Newton sobre las profecías bíblicas, lo que le había animado a emprender este proyecto. Tras comprobar las referencias matemáticas y bíblicas, decidí que había suficientes coincidencias como para dar peso a esta teoría. Espero que el lenguaje y las referencias utilizadas le ayuden a comprender este complejo estudio.

Resumen: Cuando una profecía se refiere a un periodo de tiempo concreto, es necesario especificar cómo se mide. La profecía de Daniel se refiere a 70 semanas, pero las semanas se entienden como años.

Así, 70 semanas corresponden a un período de 490 años. Ahora la pregunta es la siguiente: "¿Qué tipo de año?". Ya sea un calendario lunar, un calendario solar o cualquier otro tipo de año, en el transcurso de 490 años, la diferencia se hace cada vez mayor.

Ha habido miles de intentos de explicar las "semanas de años" del libro de Daniel.

Todos estaban diseñados para imponer una solución predeterminada.

Muchas de ellas tienen que ver con profecías futuras, lo que siempre es un enfoque seguro, ya que el intérprete suele morir antes de que se demuestre que su teoría es errónea.

Una nueva solución para las "semanas de años" de Daniel

¿Y si interpretamos este versículo de otra manera? Supongamos que Daniel está hablando de un período de tiempo que comienza con la reconciliación del gobernante con los judíos y termina con la justicia eterna que él trae.

¿Y si aplicáramos la ley del año de Enoch, que se basa en las semanas?

¿Para entender las "semanas del año" de Daniel?

La parte del libro de Enoc, capítulo 1, llamada los Escritos Celestiales, data del siglo IV-III a.C. según muchos eruditos occidentales.

El libro explica cómo se mueven los cuerpos celestes

Enoc viajó por los cielos. El libro contiene un calendario solar, explicado posteriormente en el Libro de los Jubileos. La mayoría de los judíos de la

utilizaban entonces el calendario lunar. El uso de este calendario coincidió con Un año consta de 364 días y se divide en cuatro estaciones de 91 días cada una.

Cada estación consta de tres meses correspondientes a 30 días, con un día más al final del tercer mes; un año consta de 52 semanas y cada día del calendario es siempre el mismo día de la semana. Existe controversia sobre qué día del año es el comienzo del calendario cada año. Algunos afirman que "es el cuarto día de la creación, el día en que se crearon la luz del cielo, las estaciones, los días y los años".

Algunos creen que el calendario comienza el domingo, primer día de la semana. Para que el calendario corresponda a 365,24219 días exactos, se añade una semana cada cierto número de años, de modo que el año comienza siempre en miércoles o domingo (según los expertos en los que se crea). Esta práctica de Daniel supone que el calendario comienza en domingo. El calendario de Enoch se basa en semanas, por lo que cada año comienza en domingo y se añade una semana cuando es necesario, manteniendo 365,24219 días.

El primer día de cada mes es lo más cercano posible al equinoccio de primavera (normalmente el 21 o 22 de marzo).

Pacto entre Artajerjes y Esdras

Artajerjes, rey de Persia, y el profeta Esdras hicieron un pacto.

El rey accedió a liberar a los judíos y permitirles regresar a Jerusalén y reconstruir la ciudad.

Daniel 9 (Versión Reina Valera)

1 En el primer año de Darío, hijo de Asuero, del linaje de los medos,

que fue nombrado rey del reino de los caldeos;

2 En el primer año de su reinado yo Daniel entendí de los libros el número de los

años, durante los cuales fue dicha la palabra de Yahveh al profeta Jeremías, de que cumpliría setenta años en las desolaciones de Jerusalén.

3 Y volví mi rostro al Señor Dios, para buscarlo con oraciones y súplicas, con ayunos, cilicio y ceniza:

4 Y oré al SEÑOR mi DIOS, e hice mi confesión, y dije, O Señor, Dios grande y terrible, que guardas el pacto y la misericordia con los que le aman y con los que guardan sus mandamientos;

5 Hemos pecado, y hemos hecho iniquidad, y hemos actuado impíamente, y vosotros os habéis rebelado, apartándoos de vuestros preceptos y de vuestros juicios:

6 No escuchamos a tus siervos, los profetas, que hablaron tu nombre a nuestros reyes, a nuestros príncipes, a nuestros padres y a todo el pueblo de la tierra.

7 Oh Yahveh, a ti te corresponde la justicia, pero a nosotros la confusión de rostros,

como en este día; a los hombres de Judá, a los habitantes de Jerusalén y a todo Israel, de cerca y de lejos, en todos los países

donde los has dispersado, a causa de su transgresión contra ti.

8 Señor, a nosotros nos corresponde la confusión del rostro, a nuestros reyes, a nuestros príncipes y a nuestros padres, porque hemos pecado contra ti.

9 Al Señor, nuestro Dios, pertenecen la misericordia y el perdón, aunque nos hayamos rebelado contra él;

10 Tampoco hemos obedecido la voz del Señor, nuestro Dios, para andar en sus, leyes, que él ha puesto delante de nosotros por medio de sus siervos, los profetas.

11 Sí, todo Israel ha transgredido tu ley, apartándose para no obedecer tu voz; por eso ha caído sobre nosotros la maldición y el juramento que está escrito en la ley de Moisés, siervo de Dios, porque hemos pecado contra él.

12 Y confirmó sus palabras que había dicho contra nosotros y contra

nuestros jueces que nos han juzgado, trayendo sobre nosotros gran mal; porque debajo de todo el cielo no se hizo como se hizo sobre Jerusalén.

13 Como está escrito en la ley de Moisés, todo este mal nos ha sobrevenido; sin embargo, no se nos ha hecho nuestra oración ante Yahveh, nuestro Dios, para que nos convirtamos de nuestra iniquidad y entendamos tu verdad.

14 Por eso Yahveh ha velado contra el mal y lo ha hecho caer sobre nosotros:

Porque el SEÑOR nuestro DIOS es justo en todas las obras que hace: por nosotros

no obedeció a su voz.

15 Y ahora, Señor, Dios nuestro, has sacado a tu pueblo del tierra de Egipto con mano poderosa, y te has dado a conocer, como en el día de hoy; hemos pecado, hemos obrado impíamente.

16 Oh Yahveh, según toda tu justicia, te ruego que tu ira y tu furor se aparten de tu ciudad, Jerusalén, tu santo monte; porque por nuestros pecados y por las iniquidades de nuestros padres, Jerusalén y tu pueblo se han convertido en abominación para todos los que nos rodean.

17 Ahora pues, Dios nuestro, escucha la oración de tu siervo y sus súplicas, y haz resplandecer tu rostro sobre tu santuario desolado, por amor del Señor.

18 Oh Dios mío, extiende tu oído y escucha; abre tus ojos y mira nuestra desolaciones y la ciudad sobre la que se invoca tu nombre, para que no presentemos ante ti nuestras súplicas por nuestra justicia, sino por tu gran misericordia.

19 Oh Señor, escucha; Oh Señor, perdona; Oh Señor, escucha y actúa; No te demores, por tu causa, oh Dios mío, pues tu ciudad y tu pueblo son llamados por tu nombre.

20 Y mientras hablaba, oré y confesé mi pecado y pecar de mi pueblo Israel, y presentaré mi súplica ante el Señor mi Dios por el monte santo de mi Dios;

21 Sí, mientras hablaba en oración, también el varón Gabriel, a quien yo había

visto en la visión del principio, siendo volado rápidamente, me tocó alrededor de la hora de la oblación vespertina.

22 Y me informó, y habló conmigo, y dijo: Oh Daniel, ahora estoy

venir a darte habilidad y comprensión.

23 Al principio de tus súplicas salió el mandamiento y yo

He venido a mostrároslo; porque sois muy amados: comprended, pues, la

materia, y considerar la visión.

24 Setenta semanas están señaladas para tu pueblo y para tu santa ciudad, para poner fin a la transgresión, para acabar con el pecado y poner fin a la iniquidad, y para traer la justicia eterna, y para sellar la visión y la profecía y ungir al Santísimo.

25 Sabed, pues, y entended que desde que se dio el mandamiento de restaurar y edificar a Jerusalén hasta el Mesías Príncipe

serán siete semanas y setenta y dos semanas: el camino volverá a construirse, y el muro, aun en tiempos difíciles.

26 Y después de setenta y dos semanas el Mesías será exterminado, pero no por

y el pueblo del príncipe venidero destruirá la ciudad

y el santuario; y su fin será con un diluvio, y hasta el fin de las desolaciones de la guerra están determinadas.

27 Y confirmará el pacto con muchos por una semana; y en la en medio de la semana hará cesar el sacrificio y la oblación, y porque la propagación de abominaciones lo hará desolado, hasta que consumación, y esa determinación se derramará sobre los desolados.

En el año 458 a.c., el primer día del año enoquiano cayó en domingo, 21 de marzo, equinoccio de primavera. Sábado 3 de abril de 458 a.C,

El día 14 del primer mes (14 de primavera), que ese día es la Pascua del calendario, Esdras y los judíos abandonaron Babilonia y se dirigieron a la Ciudad Santa de Jerusalén.

Esdras 7

1 Pasadas estas cosas, durante el reinado de Artajerjes rey de Persia, Esdras hijo de Seraías, hijo de Azarías, hijo de Quelquías,

2 Hijo de Salum, hijo de Sadoc, hijo de Ajitub,

3 Hijo de Amarías, hijo de Azarías, hijo de Meraiot,

4 Hijo de Zerahiah, hijo de Uzzi, hijo de Bukki,

5 Hijo de Abisua, hijo de Finehas, hijo de Eleazar, hijo de Aarón, el sumo sacerdote:

6 Este Esdras subió de Babilonia, y era escriba versado en la ley de Moisés, que el SEÑOR DIOS de Israel había dado; y el rey le concedió toda su petición, según la mano del Señor su Dios sobre él.

7 Y algunos de los hijos de Israel, y los sacerdotes, y los

los levitas, cantores, porteros y necios de Jerusalén,

en el séptimo año del rey Artajerjes.

8 Y llegó a Jerusalén en el quinto mes, que era el séptimo año del rey.

9 Porque el primer día del primer mes comenzó a levantarse de Babilonia,

y el primer día del quinto mes llegó a Jerusalén, según el

buena mano de su Dios sobre él.

10 Porque Esdras había preparado su corazón para buscar la ley del SEÑOR y ponerla en práctica, y para enseñar estatutos y decretos en Israel.

Usando el calendario de Enoch: ¿el día exacto?

El día de la crucifixión, el viernes 1 de abril del año 33 d.C., fue el día que precede a la Pascua en el calendario enoquiano. La Pascua siempre cae en sábado en el calendario enoquiano. La crucifixión del viernes se completó exactamente 490 años en el calendario enoquiano, porque el año 491 habría comenzado en Pascua, el 2 de abril del año 33 DC. Recuerde, no hay año cero. El calendario corre del 1 AC al 1 DC. Por lo tanto, el intervalo desde la partida de Esdras para reconstruir Jerusalén hasta la fecha en que murió Cristo fue de 7 x 70 o 490 años según el calendario de Enoc. ¿Cómo sabemos que fue el día exacto? La Pascua dura siete días

según el calendario hebreo y ocho días según el calendario gregoriano y el calendario enoquiano, porque el calendario hebreo comienza el día en

puesta del sol. De estos ocho días, ¿cómo sabemos en qué día murió Jesús?

Lucas 22:7 Llegó el día de los panes sin levadura, en el cual se necesario sacrificar el cordero pascual. Y envió a Pedro y a Johannes, diciendo: 'Id y preparadnos la Pascua, para que comamos.'.... Entonces fueron y encontraron tal como él les había dicho, y prepararon la Pascua.

Esta fue la noche en que comenzó el 14 de Nisán. Lucas 22:1 lo indica toda la fiesta (14-20 de Nisán) se llamaba "Pascua". Sabemos que sólo un día es realmente el día específico de la Pascua. Mateo utiliza este término para referirse a la semana de observancia. En breve examinaremos con más detalle la cronología de Jesús y veremos que es así.

Mateo 26:17 nos dice que fue al atardecer que comenzó el primer día de la Fiesta de los Panes sin Levadura, era el comienzo del 14 de Nisan el cordero ya había sido sacrificado. Esto se hizo en la tarde del 13 de Nisan.

Según Lucas 22:15, la noche del 14 iban a preparar y comer el cordero, un día antes de lo normal. Los relatos no dan ninguna razón, pero podría haber sido simplemente que Jesús quería comer el banquete una vez más antes de ser crucificado.

Lucas 22 (Versión Reina Valera)

1 Se acercaba la fiesta de los panes sin levadura, que se llama Pascua.

2 Y los jefes de los sacerdotes y los escribas buscaban cómo matarle, porque temían al pueblo.

3 Entonces Satanás entró en Judas, llamado Iscariote, que era del número de los doce.

4 Y fue y habló con los príncipes de los sacerdotes y con los capitanes, para ver cómo podía entregárselo.

5 Y se alegraron y se comprometieron a darle dinero.

6 Y prometió, y buscó la oportunidad de traicionarlos en el ausencia de la multitud.

7 Entonces llegó el día de los panes sin levadura, en que debía inmolarse la Pascua.

8 Y envió a Pedro y a Juan, diciendo: Id y preparadnos la Pascua, para que comamos.

9 Y le dijeron: ¿Dónde quieres que nos preparemos?

10 Y les dijo: Mirad, cuando hayáis entrado en la ciudad, allí un hombre vendrá a ti llevando un cántaro de agua; síguelo hasta la casa donde entre.

11 Y dirás al propietario: El Maestro dice a tú, dónde está la habitación de invitados, donde comeré Pascua con mi ¿Discípulos?

12 Y te mostrará una gran habitación arriba amueblada: prepárala allí.

13 Fueron y encontraron como él les había dicho, y se prepararon para la Pascua.

14 Llegada la hora, se sentó con los doce apóstoles.

15 Y les dijo: Con deseo he deseado comer esta pascua con vosotros antes de padecer:

16 Porque os digo que no comeré más de él hasta que se cumpla el reino de Dios.

17 Y tomando la copa, dio gracias y dijo: Tomad y repartid entre sí:

18 Porque os digo que no beberé del fruto de la vid hasta que el vendrá el reino de Dios.

19 Luego tomó pan, dio gracias, lo partió y se lo dio, diciendo: Esto es mi cuerpo que se entrega por vosotros: haced esto en memoria mía.

20 Asimismo también la copa después de la cena, diciendo: Esta copa es el nuevo testamento en mi sangre, que por vosotros se derrama.

21 Pero he aquí que la mano del que me traiciona está conmigo sobre la mesa.

22 Y, en efecto, el Hijo del hombre va, como estaba previsto; pero ¡ay de éste, por quien es entregado! Juan nos dice que todavía no era el día de la Pascua cuando Jesús y sus alumnos estaban comiendo. Puesto que se utiliza el término "día indica el día concreto. Sin embargo, fue el día anterior a la fiesta cuando Jesús y sus alumnos comieron la cena. Tanto Juan como Lucas se refieren a esto como el "Día de la Preparación". Fue entonces cuando se sacrificaron los corderos. Tanto Juan como Lucas indican que el día de la crucifixión de Jesús fue anterior a un Sabbath, con Juan proporcionando el detalle adicional de que este fue un "Gran Sabbath." El Gran Sabbath era el Sabbath que caía en el día de fiesta.

En este caso fue el 15 de Nisán *(Jn 19:14.31.42; Lc 23:54).*

Juan 19

1Entonces Pilato tomó a Jesús y lo mandó azotar.

2 Los soldados tejieron una corona de espinas y se la pusieron en la cabeza, y le pusieron un manto de púrpura,

3 Y dijo: ¡Salve, Rey de los judíos! Y le golpearon con las manos.

4 Pilato, pues, salió otra vez y les dijo: He aquí, yo le traigo

Vengo a ti para que sepas que no encuentro ningún defecto en él.

5 Entonces salió Jesús, llevando la corona de espinas y el manto de púrpura. Y Pilato les dijo: ¡He aquí el hombre!

6 Al ver esto, los sumos sacerdotes y los guardias gritaron:

diciendo: Crucifícalo, crucifícalo. Pilato les dijo: Tomadle, y

Crucifícalo, porque no encuentro en él ningún delito.

7 Los judíos le respondieron: 'Nosotros tenemos una ley, y según nuestra ley debe morir, porque se hizo Hijo de Dios.

8 Al oír estas palabras, Pilato tuvo aún más miedo;

9 Y entrando otra vez en el pretorio, dijo a Jesús: ¿Por qué estás

¿a ti? Pero Jesús no le dio respuesta.

10 Entonces Pilato le dijo: ¿No me hablas? ¿no sabes

que tengo el poder de crucificarte y el poder de liberarte?

11 Respondió Jesús: No tendrías poder contra mí si no fuera porque os han sido dadas de lo alto: por eso el que me entregó a vosotros tiene la

pecado mayor.

12 Desde entonces Pilato trató de liberarlo, pero los judíos gritaban:

diciendo: Si dejas ir a este hombre, no eres amigo del César: cualquiera

se hace rey, habla contra César.

13 Cuando Pilato oyó estas palabras, sacó a Jesús y se sentó

abajo en el asiento del juicio en un lugar llamado el Selciato, pero en el

Hebreo, Gabbatha.

14 Era la preparación de la pascua, y cerca de la hora sexta; y

dijo a los judíos: ¡He aquí vuestro rey!

15 Pero ellos gritaban: ¡Fuera, fuera, crucifícalo! Pilato

les dice: ¿A vuestro rey he de crucificar? Los sumos sacerdotes respondieron: No tenemos más rey que el César.

16 Entonces se lo entregó para que lo crucificaran. Y ellos tomaron

Jesús y se lo llevaron.

Matteo está de acuerdo con Marco

El relato de Mateo no indica que fuera el Día de Preparación durante el cual Jesús fue asesinado, sino que dice que fue al día siguiente,

Sábado/Pascua,

fue "después de la preparación" (27:62), lo que implica que el día de la muerte de Jesús fue el mismo día de preparación mencionado por los demás.

Marcos 14:12 nos dice que el cordero pascual fue sacrificado el primer día de

la Fiesta de los Panes sin Levadura.

Marcos 14:10 Entonces Judas Iscariote, uno de los doce, fue a ver a los sumos sacerdotes para entregárselo.

11 Al oírlo, se alegraron y prometieron darle dinero.

Y buscaba la forma de traicionarlo convenientemente.

12 Y el primer día de los ázimos, cuando inmolaron la pascua, su

los discípulos le dijeron: ¿dónde quieres que vayamos a prepararte? ¿se puede comer pascua?

13 Y enviando a dos de sus discípulos, les dijo: Entrad

ciudad, y allí os encontrará un hombre que lleva un cántaro de agua: seguidle.

14 Y dondequiera que entre, decid al propietario: El

El Maestro dice: ¿Dónde está el cuarto de invitados con quien comeré la Pascua?

¿Mis discípulos?

Marcos 15:42 nos dice que fue esa noche durante la cual Jesús cenó día antes. Marcos también menciona que Jesús murió el Día de la Preparación.

Marcos 15:42-44

42 Y cuando llegó la noche, pues era la preparación, viz.

la víspera del sábado,

43 José de Arimatea, consejero de honor, que también esperaba el reino de Dios, vino, y fue audazmente a Pilato, y le imploró cuerpo de Jesús.

44 Y Pilato se preguntaba si ya estaba muerto y, llamando a los centurión, le preguntó si llevaba tiempo muerto. Se nos dice que los dirigentes judíos querían matar a Jesús antes de la fiesta, porque temían que la gente se enfadara por la brutalidad y el trabajo atribuido a la muerte.

Marcos 14:1-2

1 Después de dos días era la fiesta de la Pascua y de los panes sin levadura; y

los sumos sacerdotes y los escribas buscaban cómo atraparlo con astucia, y darle muerte.

2 Pero ellos dijeron: No en el día de la fiesta, para que no haya alboroto de gente.

Esto significa que Jesús murió el día anterior al 15 de Nisán. Por lo tanto, Jesús murió la tarde del 14 de Nisan.

Fue capturado por la noche (después de que el día empezara al anochecer).

El juicio de Jesús duró menos de un día, con su crucifixión comenzando en la cruz alrededor del mediodía del 14 de Nisan y su muerte ocurriendo antes de la puesta del sol del mismo día. Ahora nos enfrentamos a un problema. Después de establecer el patrón de 490 años, deberíamos ser capaces de rastrear la fecha exacta del nacimiento de Jesús. Sin embargo, esto no parece funcionar. Lo que salta el calendario es el período exacto de tiempo desde la dedicación al Señor en el templo después de su nacimiento, como se describe en Levítico 12, hasta el día de la resurrección.

Levítico 12

1 Y el SEÑOR habló a Moisés, diciendo:

2 Habla a los hijos de Israel, diciendo: Si una mujer ha concebido descendencia,

y naciere macho; entonces será inmundo por siete días, conforme a la

días de separación por su enfermedad será impuro.

3 Al octavo día se circuncidará la carne de su prepucio.

4 Y entonces continuará en la sangre de sus treinta y tres purificadores

días; no tocará nada sagrado, ni entrará en el santuario, hasta que se cumplan los días de su purificación.

5 Pero si da a luz una doncella, será inmunda durante quince días, como en su separación; y permanecerá en su sangre ochenta purificadores y seis días.

6 Y cumplidos los días de su purificación, por hijo o por hija, traerá en holocausto un cordero de un año, y a

un pichón o una tórtola, como sacrificio expiatorio, a la puerta del tabernáculo de la conferencia, al sacerdote:

7 ¿Quién la ofrecerá delante de Yahveh y hará expiación por ella?

Y será purificada por el flujo de su sangre. Esta es la ley para ella nació niño o niña.

8 Y si no puede llevar un cordero, llevará dos tortugas, o dos pichones; uno por el holocausto y el otro por el pecado ofrenda; y el sacerdote hará expiación por ella, y quedará limpia.

Una solución sorprendente

La ley de Moisés exigía que la madre presentara a su hijo el cuadragésimo día después de su nacimiento con una ofrenda al sacerdote en el templo. El día de su nacimiento se contaba como el primer día, por lo que la ofrenda se hacía el día 39 de su vida. Esto significa que cayó el día de la presentación en el templo, el domingo 14 de mayo del año 1 a.C. Dado que el Salvador vivió 33 años, esto significa que el tiempo transcurrido desde la presentación en el templo hasta su muerte fue muy cercano a los 33 años fijados por Enoc. Pero hay una correspondencia exacta entre su dedicación y su resurrección. Fueron exactamente 33 años y 364 días desde su presentación en el templo hasta su resurrección. Es una cantidad increíble de información, pero se puede desglosar y reformular de la siguiente manera: El período de tiempo que nos ocupa comienza en el 458 a.C. y termina en el 33 d.C.. No hay año cero, así que tenemos que restar para eso. 458 + 33 = 491. 491 - 1 = 490. Ahora estamos en los días del año correcto. El calendario Enochiano esta establecido para que cada año comience alrededor del equinoccio de Marzo. El mes de Abib siempre debe comenzar en primavera. La primavera comienza en el equinoccio, cuando el sol (aparentemente) cruza el ecuador, entre 3/19 y 3/22, como lo calcula el calendario romano. La Escritura indica que el primer mes siempre debe comenzar en la misma estación del año, que es la primavera, por favor compare la versión King James con la Revised Standard Version.

"Parece haberse entendido en todo el mundo, desde la antigüedad hasta ahora, que el equinoccio de primavera señala la llegada de la primavera y que el equinoccio de otoño marca la llegada del otoño. ... Espera hasta que el sol señale la llegada de la primavera en el equinoccio, entonces selecciona la primera media luna nueva visible para el comienzo de los meses: ... el primer mes del año para ti". El calendario judío fue modificado para mantener la Pascua al comienzo de la primavera, fijándose en la primera luna nueva después del equinoccio de primavera y el comienzo del año. Esto siempre mantendrá la Pascua en primavera y los Tabernáculos en otoño. El calendario enoquiano se fijaba en el domingo más cercano al equinoccio. En los años que se examinan, estos acontecimientos estaban sincronizados.

¿Diseño o coincidencia? El calendario de Enoc es el único que se ajusta a la profecía de Daniel sin ninguna manipulación. Ahora, debemos decidir si es por diseño o por casualidad.

Bibliografía

Laurence, The Book of Enoch (Oxford, 1821) Traducciones y comentarios;

Dillmann, Das Buch Henoch (1853);

Schodde, El libro de Enoc (1882);

Charles, El libro de Enoc (1893);

Cyrus Gordon y Gary Rendsburg, La Biblia y el Próximo Oriente Antiguo

(1997)

Diversos artículos e investigaciones

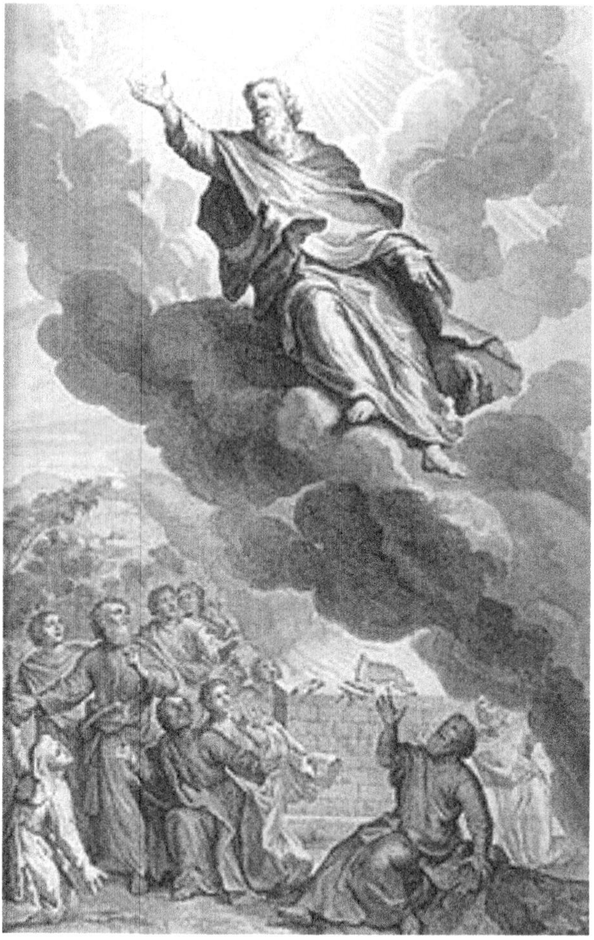

Made in the USA
Las Vegas, NV
07 April 2024